介護と環境

空間のもつ力

自分を取り戻す場所

稲葉　一人　太田　秀樹
秋山　正子　山口健太郎
園田眞理子　伊藤　明子
市原　美穂

全国ホームホスピス協会　編

木星舎

本書は、2017 年 12 月 2 日、3 日に開催した
第 6 回ホームホスピス合同研修会 in 東京から抜粋した講演を収録し、加筆したものです。

はじめに

ホームホスピス全国研修会は二〇一二年十一月に第一回目を熊本県・阿蘇で開いてから今年（二〇一九年）で八回目を迎えます。その間、徐々に全国にホームホスピスが広がり、二〇一五年には、（一社）全国ホームホスピス協会を設立しました。私たちはケアの質を保つために学びと気づきの機会を大切にしたい、また一般の方にホームホスピスを知っていただきたいという思いで独自の研修会を続けてきましたが、回を重ねるごとに参加者が増え、関係者はもちろん医療・介護職の方に限らず一般の方にも参加していただけるようになってきました。こうした背景には、ホームホスピスへの関心の高さと、充実した講師陣、テーマの先見性があると思います。

二〇一七年十二月二日、三日に明治大学中野キャンパスで開いた第六回ホームホスピス合同研修会in東京は「空間のもつ力」を全体のテーマとしました。本書は、当日収録した講演をベースに加筆して掲載しています。

ホームホスピスの原型は、空き家となった民家を借りて、がんや認知症などさまざまな条件のために一人暮らしが困難になった五、六人の方がとも暮らしをする、そこに介護保険や在宅医療などのサービスが外部から入って彼らの日常生活を支え、暮らしの中で最期まで生きるお手伝いをすることにあります。

施設ではなく「家」で普通の暮らしをする中で、多くの方が落ち着きを取り戻し、驚くほどの回復をみせてくださいます。表情が出てくる、眉間のシワが消えて笑顔が見える、口からものが食べられるようになる、寝たきりの方が歩いてトイレに行かれるようになる、私たちはそのような場面にいく度も出会い、その度に当事者・ご家族と感動をともにしてきました。その大きな要因は、「家」＝民家という環境にあると考えています。

二〇一七年は、「家」という環境のもつ力を正面から考える企画になりました。

基調講演をお願いした秋山正子さんは、（株）ケアーズ白十字訪問看護ステーション統括所長であり、マギーズ東京センター長をつとめて、この一年前（二〇一六年）にオープンしておられます。イギリスで生まれたマギーズはケアとともに環境、建築を重要視しており、ホームホスピスとは通底するところが多々あります。また、マギーズに先立ち、新宿区の都営アパートの一角に「暮らしの保健室」を開き、住民の相談窓口として、また地域包括ケア推進の場とされ、それが今、全国に広がり、全国のホームホスピスの中にも活動の一環として取り組むところが増えつつあります。

「空間のもつ力」をテーマにしたシンポジウムでは、明治大学理工学研究科教授の園田眞理子先生には「doingからbeingへ」と題して「住まい」という観点から、また、国土交通省住宅局長（当時）の伊藤明子さんには、「改正された住宅セーフティネット法の概要と目的」と題して、行政が取り組む最新の住宅問題についてプレゼンテーションをしていただきました。

さらに、一年間にわたりホームホスピスの調査研究をされた山口健太郎先生に中間報告をお願いしましたが、建築家がハード、ソフトの両面からみたホームホスピスの実態は大変示唆に富むものでした。

これらに先立つ教育講演の一つ「患者の意思決定を支援する」は、稲葉一人教授に大変わかりやすく解説していただきました。この翌年二〇一八年、厚生労働省は長年取り組んできた終末期医療のガイドラインに意思決定支援の概念を取り入れ、「人生の最終段階における医療・ケアの決定プロセスに関するガイドライン」を公表しましたが、稲葉教授はその作成に際して中心的な役割を担われています。高齢者や重篤な病いにある方、認知症の方の意思を図りそれを支えるには、自尊感情が保たれる安心できる環境が大きな要因になります。

また、「高齢社会を支えるまちづくり」では、高齢多死社会の喫緊の課題とされる地域包括ケアを、医療法人アスムス代表太田秀樹医師に取り上げていただきました。先生は一九九二年、栃木県小山市でおやま城北クリニックを開設、「出前医療」と称して在宅医療を推進し、北関東地域を中心に地域包括ケアの構築に早くから取り組み、医療にとどまらず教育や行政まで巻き込んで幅広く展開してこられました。講演では、その軌跡を現場の生き生きとした話を交えて紹介していただき、会場はしばしば温かな笑いに包まれました。

ホームホスピス全国合同研修会は毎回、テーマに沿った基調講演、シンポジウム、教育講演など企画してきましたが、以前からこれらの内容をその場限りにするのはもったいないと研修会に参加された方から声が上がっていました。その声にこたえ、この度、一冊の本にまとめ、一般の方にも読んでいただけるようにしました。

今年（二〇一九年）開催予定の第八回ホームホスピス全国合同研修会in広島は、「〝いのち〟生ききる」をテーマにしました。その年によって、また開催する地域によってもテーマは変わりますが、ホームホスピス全国合同研修会として掲げる大テーマは一貫して「暮らしの中で逝くこと」です。

開設した地域によってホームホスピスのかたちはいろいろです。都会では、五、六人がとも暮らしできるような民家で、貸してもらえる空き家を探すことは難しく、アパートや新築住宅を工夫して使うホームホスピスもあります。しかし、常にホームホスピスの理念を共有して、時代や社会がもたらすさまざまな課題に対して臆せずに、しなやかに取り組むことができる活動をつづけていきたいと思います。

二〇一九年十月二十五日

一社）全国ホームホスピス協会理事長　市原　美穂

MOKUJI

高齢社会を支えるまちづくり

太田　秀樹

空間のもつ力　マギーズという環境

秋山　正子

＊＊＊

患者の意思決定を支援する

稲葉　一人

中京大学法科大学院教授

現場における意思決定支援

皆さんは、「本人の意思決定支援をやっている」って、本当に言えますかね。どうでしょうか。皆さん自身はとても患者さんのことを考えていて、保護をしようと、その人にとっていいことをしていこうというふうに考えておられることはほぼ間違いないと思います。

でも、皆さんが考えるその人にとっていいことが、本当にその人が望んでいることかというと、必ずしもそうではない。これがとてもわかりにくい。医者も同じなんですね。医者も患者さんにとっていいことだと考えています。でも、患者さんが本当にそれを望んでいるかどうか、そこがあまり確認されていないということがあります。今日は、そんなお話をしていこうということです。

私は病院の中でカンファレンスをしていますが、これは実際にひと月前ぐらいにやった倫理のカンファレンスです。その時に僕なりのまとめ方があって、カンファレンスに出た人にその後、もう一回教育的な観点で「所感」というものを出しています。それをちょっと見ていただきましょう。

八十三歳の男性、前立腺がんの既往があって緊急入院し、続く検査で上皮がんが見つかって、すでに肝・骨転移・ステージ4だった。肺炎・結核の疑いもあって、肺がんには根治治療はないと言われて、抗がん剤はリスクが高く、分子標的薬は適応外で、予後や余命についての説明はされてない。対症療法としては、るい痩には輸液、貧血には輸血、疼痛には鎮静剤、肺炎には抗生剤。いわゆる対症的なことを行っているわけです。本人の意思決定能力は保たれていた、つまり本人は十分事態は理解できたということです。しかし、入院後、三週間経っても全体症状はよくならず、在宅スタッフと退院カンファレンスをする予定だったが、その前に亡くなったという状況なんですね。

この事例は、どこが問題なのかわかりますか。この倫理カンファレンスの場にこれが出てきたということは、このナースは何か自分たちが十分できなかったという思いがあって上げてきていると思うんですね。今日は解決方法や法律をお話しするのではなくて、このようなもやもやを大事にする話をします。

実は提出した看護師さんはこう考えたんですね。患者さんは在宅を望んでいた。だけど、看護師として支援したかったんだけど、できなかった。たぶん、「悔しい」という非常に正当な思いなんです。だから、先生は不要な検査や点滴をせずに、退院調整をもっと前にすべきだったという意味で、さらにいうとドクターに対する怒りとして出てきてるということですね。こういうことはよくあることなんです。

他方、私が本人の意思を深く聴けていたかということについて聞くと、このナースは「壁があった」と言います。でも「本人が自分の現在・将来の状態を説明されていたとすると、本当に短期の在宅を望んでいた」と彼女は考えるんですよ。でも、それは「本当なの?」ということなんです。だけど、医師がどのような治療方針かを看護はしっかりと共有していないじゃないですか。だから、患者は予後や余命について説明されてないじゃないですか。だったら、本当に在宅を望むのでしょうか（望むかもしれません）。こういう場面っていっぱい臨床には出てきます。

僕が所感に書いたのは、「医師が患者の医学的な状況をどう評価しており、どのような治療方針であるかの点について、看護との共有がない」。つまり、医師がナースに対して、「本人を在宅に返すために全体症状を少しでも今は好転させたい、今はその山場だから一緒にがんばってくれ」と言われたら、こんなことは全然問題にならなかった。だけど、ドクターもそうは言わないんですよ。こういうところをちょっとずつ変えていかないと、「本人の意思の支援」と言いながら、なかなかうまくいかないわけですね。それゆえに、医療チームと本人、家族との情報の共有が十分ではない。実は本人は余命はまだ少しあると考えていたんですね。余命は少し……一年くらいはあると考えていたのかもしれません。でも三週間で亡くなったんです。

ですから、看護が本人の意思をもとに医療チームに働きかけるには、本人の意思を、本人から直接だけではなく、家族等から深く聴いていることが前提です。本人の「積極的治療を望まない、在宅を望む」を表面的に聴くだけでなく、もう少しその人の生活や生きてきた歴史を踏まえて聴くことは可能かもしれない。そうしたらこういう時にはカンファを開く。こういうのが私たちがやっている現場の意思決定支援の一つのあり方です。

こう見ていると、僕は医療者ではありませんが、外から見ていると医療とか介護もですが、いろいろと文化があると思います。その文化はほとんどがいい場面ですが、こういう場面ではいろいろ問題になっていくということがあります。

立ち止まる —— 意思決定支援はどこにある？

共同意思決定支援

僕がよく描く図（図1）なんですが、こうやってずうっと生と死の間があって、その前後から人は関わるわけですよね。死に至って、ご家族は遺族になってしまう。出生のときから日常診療時、退院し、治療のときも、事故のときも、終末期も、いろんなかたちで意思決定をしているわけです。明確に決定しているわけではないけれど、何も決定しないというかたちで決定している場合もあるし、「どうしようもない」、「これしかない」というものをただただ受け入れることしかできなかったというときもあるかもしれません。それを本人を中心にしてご家族と医療者と、もう少しよい社会に向けて共有意思決定支援をする。ひとりでやるだけではなくて、みんなで一緒に支えていこうというＳＤＭ（Shared decision making）といわれる考え方です。

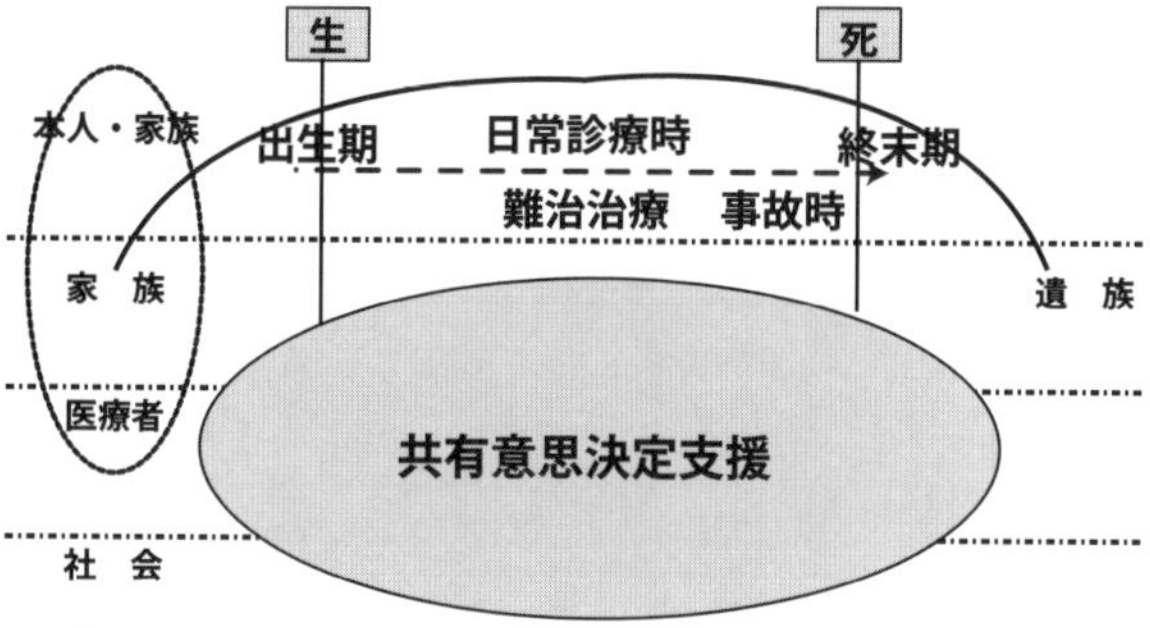

図１　医療者は患者（家族）の意思決定を支援している

例えば、次の事例で意思決定支援がどこにあるかということを少しみてみます。

六十代の女性のＢさんが間質性肺炎で入院しています。ＩＣＵで治療看護を受けています。だから、細かな医療情報はありませんが、重症の方なんですね。この方は、せん妄があるわけではないんです。コンプライアンスのとてもいい方で、要らぬことはほとんど言わない方なんです。ある日、このＢさんがＩＣＵのＡ看護師に「水が飲みたい」と言われたんです。しかし、Ａ看護師は今は治すことが先決と考えて、取り合わなかった。翌日、Ｂさんは亡くなったという事例です。

これは僕が教えている学生さんの事案です。看護師さんは十年間このことを話せなくて、僕の大学院の講義で事例検討会をしている時に涙ながら語ってくれたものです。この場面で、私たちが意思決定支援の場面だと思って立ち止まれるかどうかなんです。

医学的にいうと間質性肺炎でICUに入っていますから、水を飲ませるというのは禁忌です。これはもう誰でもわかる。ですからBさんについては、免疫力を高めてできるだけ早く病棟に戻すという選択は、医学的に見ると明白です。ところが、もう一つ私たちには大事なものがあります。その選択の意味を患者さんが理解しながら、納得しながら治療を継続していかなければならない。そうすると、患者さんが「水を飲みたい」と言った時に、当然ガブガブ水を飲ませるという選択肢はありません。しかし、そこで立ち止まって患者さんの意思を尊重することも大事だよということになれば、医療としてやるべきことと、患者さんの意思を尊重することが、どうも相反しますよね。これが、倫理的ジレンマという関係です。

この倫理的ジレンマで、それが感受性豊かに伝わればいいんだけれど、ふつうは立ち止まれない。なぜかというと、看護師さんは思うんですよ。ICUで患者さんの意思なんか尊重する必要はない、と。「これは医療としてしかるべき対応であって、水を飲む程度のちょっとのことは我慢すべき」と思う看護師さんだったら立ち止まれない。あるいは、立ち止まってICUのドクターに相談に行ったとして、ドクターが「おまえ、バカなんちゃうか。ICUの看護師が、ここが何をするところかわかってないのか」と言われたら、看護師は立ち止まれないし、患者の言葉も拾われない。そうすると、この患者さんの意思は尊重されないまま医療は進んでいくということなんですよ。

病院のなかで、こういうところで立ち止まるっていうのが「倫理カンファ」と言われているものなんですね。今日はこの倫理カンファのことは、あまりお話をしません。

医療や医学には答えがない問い

これは、皆さんの職場でもあり得る事例です。

嚥下障害がある方の事例です。胃瘻管理中の方で、息子さんが「本人が食べたいと言っている」「口から食べる楽しみがないのはかわいそうだ」と度々経口摂取をさせている。申告はないが、訪問時に口腔内に食物残渣があることを把握している。誤嚥のリスクを繰り返し説明しているが、止める様子はない。生きている基本的欲求である食欲を満たすことと、肺炎によって苦しい思いをするのもご本人であることや、本人は入院したくないと言っている事実などから、ご家族がリスクを承知で欲求を満たしてあげることを選択しているのであれば……と黙認している。だけど、本人に聞いてみると「食べたくないけれど息子が食べさせるから」とおっしゃる。誰にとっての最良の判断であるか、黙認している責任もあると考えると、誰の立場で何を優先するべきなのかに悩む。

その通りですね。この問いに対しては、医療や医学には答えがありません。こういう問いを私たちはやはり考えていかなければならない。

しかし、医療者の普通の仕事は、「病気だ」、「治療をしてほしい」という患者さんが目の前に来るわけです。そして、治療・ケアのためにドクターもナースも客観的にアセスメントします。対応していくという仕事ですよね。だけど、迷っている患者さんに出会って、意思決定の場面かどうかも、支援が必要な場面かどうかもわからない方に、「意思決定を支援する」、「倫理的」、「法的」にと言われても難しいですよね。だから意思決定支援というのは、医療職にとってはとても難しいことなんです。

でも、もしかすると皆さんはもっともっと患者さんの近くにいて、その方が何を考えているのか、何を知っているのか、何を自分の健康観・価値観として大事にされているのか、そうした事柄に日常的に接していらっしゃるかもしれません。そこに最も近い方が、やはりこの意思決定支援のなかでは、重要な役割を果たすことになる。

医療者ができなかったことでもできる。あるいは逆に言うと、医療者は自分のモードを変えないとなかなかそれができない、ということになりますね。

臨床の意思決定支援において困難を感じる事例

意思決定、本人の意思を尊重していくのは、とても難しい。いろいろとアンケート調査してくと、困難な事例が何百も出て来ます。そのうちからピックアップしたものをお見せします。

決めることが難しい

そもそも決めることが難しい場合が医療ではたくさんあるわけです。僕は難病の患者さんの、ＡＬＳの患者さんの支援を十年くらいしていますが、ＡＬＳの患者さんに急な呼吸不全が生じた場合の、「何もしない」という患者さんの決定ってとっても難しいです。息が苦しくて何もして欲しくないというのはすごくイメージしにくいですし、その時々によって変わっていくということがあります。

呼吸器のドクターには、患者さんが意識が変わると、そこに「付き合ってられるか」と思う先生もいるわけです。しかし自分が息苦しくなったら、思いますよね。

ＣＰＲ（心肺蘇生法）をしても救命が困難な母親の脳幹部腫出血で、長男、娘二人の家族構成のなかで長男が決めることが困難であった事例です。蘇生をしないという判断をするのですが、そうすると、「俺が決めていいのか」、「俺が、お母ちゃんが亡くなることを決めていいのか」と迷うわけなんです。こういうことも実はあります。私たちは往々にして「ご家族さんで決めてください」って言いますよね。「果たしてそれでいいのでしょうか」ということも、今日の終末期の議論では出てきます。

インフォームドコンセント

・これは産科の事案ですが、産科医の「生まれてみなければわからないことを、事前に説明する必要はない」という考えから、当事者に情報提供がなされなかった事例。こういう医師の価値観によって当事者の意思決定の機会が奪われるんです。皆さんがよく聞かれる「インフォームドコンセント」ですが、「インフォームドコンセント」とは、実は自己決定の支援なんです。

・二十代の男性で、母親から告知は本人にしないで欲しいという強い要求があり、本人の支援の困難さを感じた事例。母親の思いは大事にしてあげたいけれど、本人に情報がまったく提供されていなかったら、本人が自己決定できない。特にがんの告知でよく出てくることですよね。いつも悩む問題です。

本人と家族との関係

・「胃がんの末期で手術するかを決めるにあたり、関係性が壊れている妻が『手術をして自宅に退院されるのは困る』との中、本人も手術を望まなかった事例」

これどうですか、本人の自己決定を侵害されていますか。「しょうがないんじゃないか」って思います？　それは自業自得だと思います？　これは難しいですね。これは、人生を考えるような事例なんです。

だから、当事者の方々に「お家でみてください」って言っても、やっぱり「おじいちゃんが帰ってきて、また徘徊されては困る」と言う人もいるわけです。そうすると、「家族が阻害要因になってくる」というふうに見えますね。ですが、家族を阻害要因にするのはやっぱり避けたい。家族には本人の意思決定の支援者の一員になって欲しいですよね。これもひとつ大きな問題です。

オタワの意思決定ガイド

そんななかで、知っておいていただきたいツールが一つあります。これはオタワの意思決定のガイドというものです。

この事例は周産期のものですが、意思決定をするときにどんなことに注意をしなければならないのか、支援するときにどういうことに注意をしなければならないのかということが、比較的わかりやすく書かれています。皆さんが日々やっている事案とは違います。

〈5つの Step〉
1 意思決定を明確にする。
2 意思決定における自分の役割を特定する。
　一人で決めたいのか、誰かと決めたいのか。
3 自分の意思決定のニーズを見極める。
　選択肢に関する情報の不足、価値観の再確認。
4 選択肢を比較検討する。
　選択肢をあげ、メリットデメリットを検討する。
5 次のステップを計画する。

図2　オタワ個人意思決定ガイド

三十五歳のセイコさんがＮＩＰＴ（新型出生前診断：non-invasive prenatal genetic test）をしたいと言われる。血液検査です。これによると体質性のＤＮＡとかＲＮＡが出てきて、その方が先天的疾患かどうかということがわかるという検査です。この検査をするときに迷っているということで、看護師さんに相談、今でいう遺伝外来のようなかたちなんです。こんなときに使うガイドがあって、これがオタワの意思決定ガイドになります。これでひいていただくと、あるいは新潟大学の有森直子先生（新潟大学大学院保健学研究科）のホームページにいっていただくと、意思決定のガイドが出てきます。これは実践的なもので、包括的な意思決定というプロセス支援なんですね。ステップを踏むというようなやり方をします。意思決定を明確にして、自分の役割を特定してニーズを見極める。価値観を再確認して、選択肢を比較検討して、次のステップを決める。だから、決めるというよりも次は何をしなければならないのか。人は決めるためには助走をしなければならない。当然、助走の距離が短くしか設定できない方もいらっしゃいますが、助走をしながら一緒に決めていくというものですよね。少し参考にしていただけたらいいと思います。

終末期の倫理・法問題

これは病院のなかで行う倫理のカンファレンスのやり方なんです。終末期の倫・法問題、本人の意思が確認できる場合をちょっと考えてみましょう。この問題は、私は法律家ですので、「自己決定」といいますけれども、その前に私の経験を少しだけお話しさせてください。

父の自己決定

父は二〇一一年ですから、震災の年に亡くなったのですが、母がいまして健在なんです。私が兄で、妹が小学校の教頭をしていて、弟は自由業をやっている、三人きょうだいです。父は二〇〇〇年の初めの頃に、大腸がんの手術をしたんです。そのときに、術後の合併症で脳梗塞を起こしました。それから二年六カ月間、輸液チューブだけで栄養補給をして命を長らえていったという状況です。そうすると、皆さんはおわかりのように栄養チューブで六カ月、急性期の病院から療養型に入って老人病院みたいなところに入ってというと、誤嚥性肺炎を何回も起こすわけなんです。当然、すべての菌をもっているという耐性になってしまうわけで、七回、危篤になりました。それをずっと越えて生きていました。

ところが震災のとき、「もう危ない」と医師から言われたんです。「稲葉さんのお父さんはちょっと悪いので、最期をどうするか、ご家族さんで決めてください」という。意味は、おわかりのように、療養型の病床に入っているので、もしも何かあったら急性期病院に救急車で送るか、それをするのかどうか。あるいは挿管までするのか、というような選択肢です。よくある英語でいうとＤＮＡＲ（do not attempt resuscitation：患者本人または患者の利益にかかわる代理者の意思決定をうけて心肺蘇生法を行わないこと）と言われている場面なんですね。

それで、私たちは母がキーパーソンだと思っているわけです。だって、朝から晩までもう二年六カ月、足をさすってあげて、毎日十時間くらい父の側にいるわけですよ。ですから、キーパーソンは母親だと思うんです。ところが病院は僕がキーパーソンだと思うんですよね。一番ややこしいからですね。僕は母が決めればいいと思っていました。それで、母に聞くと、母は「私、決められない」と言うんですよ。「お父ちゃん、もっと長い間生きていたいと思ってるか、私が決めることはできない」と言うんです。

妹に聞くと、「いいんちゃう」って。えらい冷たいなと思ったんですけど。だけど実は、彼女自身は父親が合併症になったときに挿管をされたところを一回見ているんですね。だから、お父さんがとてもしんどいだろうと思っていた。弟に聞いたら、「それは兄貴が決めることだ」と言われたんですね。一応、倫理学者であって、自己決定や意思決定などをやっている僕がどうしたかというお話なんです。

家族で決めたのではないんです。父親はそのときはもう酸素三リッターとかも入っていて、たぶん十時間ぐらいするとＣＯ２ナルコーシスになるような状態というのは、私が見てもわかる状態なんですね。でも、意識はありました。だから僕は、母と二人で父に聞きました。

「要らん」――終末期の自己決定

「お父ちゃん、ええか?」って「しんどいな」って。「先生がなんかいろいろ言われてるねんけどな、しんどくなったときに普通にやることはさしてよ」。薬を入れたり、そういうことはさせてって。「だけど、お父ちゃん、どうする? 前やったときに喉に管入れたやろ、あれをどうする」かと聞いたんですよ。父は「要らん」と言うんですよ。「要らん」て言うんです。それから、一回では、意思決定能力があるかどうかわからないから、もう一回母と一緒に、母と一緒ですよ、僕ひとりで聞いているわけではなくて、母と一緒に聞きました。五時間も、六時間も後になると死んでしまうかもしれませんから、二時間ぐらい後に聞いたんです。そうしたらもう一回、父親は「要らん」と言います。これで決めました。だけど、これで亡くなったわけではないんです。

何故こんな話をするかというと、今から十年ほど前に東京大学でインターナショナルエシックスカンファレンス、倫理の国際会議を開いたことがあったんです。その時にですね。あ、知ってます? 倫理学者って英語で何て言うか知ってます? 「エシックス」が倫理というのは皆さんご存じですね。倫理学者は「エシシスト」っていうんです。なんかエクソシストみたいな名前でしょ(会場笑)。

まあ、そのときにアメリカからそのエシシストが来ていたんです。で、その人に「アメリカってやっぱり自己決定するんでしょ?」と尋ねました。「自己決定をするんだから、終末期も本人が決めてるでしょ?」と聞いたら、「違う」と言われたんです。それは、「家族が決めると、家族が傷つくから」と言われたんです。だから、悪いけれど、本人に決めてもらっているというような役割があるということです。ですから、単純な自己決定論だけではないのではないかと僕は思ってるんです。

僕は、父がここで「要らん」と言ったのは、家族の誰が言うよりも、僕らには納得できた。挿管はしないでおこうと思ったんですね。

（通説）

憲法 13 条

「すべて国民は個人として尊重される。生命、自由及び幸福追求に対する国民の権利については、公共の福祉に反しない限り、立法その他の国政の上で、最大の尊重を必要とする」

を自己決定権の根拠規定と考える

前段の「個人の尊重」が、ドイツ基本法１条１項の「人間の尊厳」条項とほぼ同趣旨であり、個人の尊重（個人主義）ないし人格の尊厳（人格主義）という一定の原理を規定し、後段の幸福追求権は、前段の原理と結びついて、人間の人格的自律にとって不可欠な重要事項に関する自己決定の包括的権利を具体的な法的権利として規定する（人格的利益説）

図３　自己決定権の法的基礎

憲法上の自己決定権

自己決定権の尊重

僕は法律家ですからここから法律の話をしますが、自己決定権というのは憲法十三条を基にしていると言われています。ですから法律家に、「患者さんに自己決定権はありますか」って言ったら、「あります」と言うに決まっています。しかし、「自己決定権」とは憲法上明確には書いてないんですよ。幸福追求に対する国民の権利のなかに入っているというのが、普通の考え方なんです。つまり憲法ができた昭和二十年、二十一年には、患者が自分の意思で、自分で決めるということは議論されない。でも、憲法上の権利に含まれるという解釈なんです。

ということは、憲法というのはやはり文化、カルチャーの面がありますので、日本は、自己決定権はあるけれども、その文化的、その基盤が弱い国だということです。ここは覚えておかなければならないと僕は思います。

そして自己決定権の尊重って何をすることかということなんですね。本人が「水が飲みたい」と言ったら水を飲ませること……ではないですね。ここがなかなか難しいところです。本人の現在の意思を尊重して、その前提として本人への説明が必要なんですよ。そのうえで本人が決めたことを関係者、これはご家族も含めて尊重するように働きかけることが、実は自己決定権の尊重なんです。私たちは時々、自己決定権の尊重というのは、ご本人が言ったことを尊重すればいいと考えそうになるけれど、もうちょっと複雑なプロセスなんです。

エホバの証人と輸血

これが一番よく表れた最高裁判所の判決がありますので、それをちょっと見ていきましょう。

患者Kさんは女性で、事件当時六十八歳でした。悪性の肝臓血管腫でした。この方はエホバの証人の信者で、どんなかたちでも輸血は拒否するというエホバの証人の中で厳しい方だったんです。この方は別の病院で手術を受けることになっていたのですが、その病院では輸血をすると言われたので、東京大学の医科学研究所附属病院に転院していました。この事件はよく「東大病院事件」と言われますが、これはいわゆる本郷の東大病院ではなくて医科研のほうです。そこに転院されていたんです。何故かというと、当時、医科研のドクターの中には、患者本人の意思を尊重する先生がいるということで評判の病院だったんですね。ですから彼女は、この東大病院医科研においては、自分の意思が尊重されると固く信じていた。そのことをドクターも主治医もこの後出てくる執刀医もみんな知っていたんです。

ところが、東京大学には、「輸血以外には救命手段がない事態に到ったときには諾否にかかわらず輸血する」という病院の方針がありました。彼女は八月十八日に入院して九月十六日に手術を受けるんですが、この間、約一カ月の間にこの方針を説明されていませんでした。ということは、彼女が九月十六日に手術室に行ったときには、輸血のない手術を受けると思って行ったんです。ところが、二〇〇〇mlを超える出血があったので、東大はこの方針に従って輸血したんです。一三〇〇mlの輸血をしました。お腹が開いている患者さんには同意をとれませんし、ご家族にも同意をとっていない。そして、術後も一切、輸血をしたことを言わなかったそうです。この患者さんは四年六カ月生きておられますから所謂、手術そのものとしては成功したんです。だけど、こういうことは内部告発が起きるんです。そしてそれを週刊誌が書いた。週刊誌を見て彼女は、たぶん自分の体のなかに他人の血が入っているということがわかった。そこで、東京大学相手に民事の訴訟を起こしたという事件です。

どういう内容かというと、「何故東大はこのことを私に説明してくれなかったんだ」。「説明してくれていたら、アンタんとこの病院で誰が手術受けるか」って、こうおっしゃったんですよ。わかりますよね。

最高裁の判決

最高裁はこう言いました。「輸血を伴う医療行為を拒否するとの明確な意思を有している場合、このような意思決定をする権利は、人格権」だから「医科研としてはそのような事態に至ったときには輸血するとの方針を採っていることを説明して、医科研への入院を継続した上で、医師等の下で手術を受けるか否かを患者自身の意思決定にゆだねるべきであった」。「説明を怠ったことによって、患者が輸血を伴う可能性のあった手術を受けるか否かについて意思決定をする権利を奪った」。ですから、精神的苦痛として慰謝料、当時は五十五万円、五十万円が慰謝料として五万円が弁護士費用。こんなことで済むはずがないです。今だったら一千万円超えると思いますけど、当時はこれくらいだったんですね。

ここでわかることは、こういう意思決定をするとき（これは自己決定権です。俗にいう）意思決定をする権利を保障するためには説明がいるということなんです。ですから医療とは、あなたがどう考えるではなくて、例えば、口から食べるならこういうリスクがある。でも、胃瘻をしても誤嚥性肺炎が起こることもある。そうした情報提供があったのちに、「あなたは今の状態のなかでどうする？」と聞かないと、その人にリスクとかベネフィットとか選択肢が言われないままでは意思決定する権利もないわけですよ。ですから、私たちがしなければならないのは、その人が決められる段階でしっかりとした情報を提供していく、当然、不確実なものは不確実として説明しなければならないということです。

この意思決定をする権利の説明は、一般的には医療では医師がすることになります。ところが医師は、これをしばしばカットしてしまいます。ですから、私たちがしなければならないのは、医療の現場でいうと、実は、医師に説明してもらうようにすることを「自己決定支援だ」というふうになっているんですね。このあたりのことはちょっと複雑ですけど、知っておいていただけたらいいと思います。

意思決定支援における法的・倫理的視点

推定的意思と事前意思

次は、問題は本人の意思が確認できない場合です。たぶん皆さんの現場では、最初は意思が確認できるけれど、だんだん確認ができなくなって、もうほとんど日中うとうとされて、傾眠傾向になったりということがいっぱいあるのだろう思います。それは、人によっては違うと思います。そんなふうに本人の意思が確認できないというときに、ぽっと家族のほうに判断を委ねていないかということです。家族は家族として支援の対象にしなければならないことについては、今日はお話ししません。その話をすると延々と続きますので、今日はそうではなくて本人の意思ということだけを中心に考えますので、家族の支援のことを無視しているわけではないということだけ前提にして聞いてください。

その前に実は、「推定的意思」と「事前意思」ということがあります。今は決められないけれど、今もし意思決定能力があったら、この選択肢を本人に示すと本人はどういう選択をするのかなということをみんなで考えるのが「推定的意思」と言われる考え方です。とても難しいです。頭の中を切り替えないとできない。どうしても僕らはこの人にとって何が大事かということを考えてしまって、この人が何を望むのかということを考えることができないときがあるんですね。

もう一つは本人の「事前意思」の尊重といわれているものです。これをちょっと見ていきましょう。

川崎協同病院事件

川崎協同病院事件の最高裁の判決があります。戦後、「安楽死」などとよく言われた事件で、主として医師が刑事責任を問われた事件は、七つか八つあります。東海大学安楽死事件がありますが、最高裁判所の判決があったのはこの川崎協同病院事件だけです。

かいつまんでお話しすると、この患者さんは気管支ぜん息の重積発作で入院されていました。最初は呼吸器管理をしなくても何とかできたのですが、だんだん悪くなって呼吸器管理になりました。当時は、呼吸器内科の部長の女医さんが担当されていて、最初から抜管するなどと考えていたわけではなくて、ご家族からかなり強く「もう抜管してほしい」ということを言われたんです。最初は応じなかったのですが、状況が好転することはないという状況で、抜管をするということになったんです。で、抜管をしたのですが、そこでスッと亡くなるというふうに思っていたのが、そうはならずに、患者さんが苦悶状態を示されたんです。そこで、最終的にはミオブロック、筋弛緩剤を入れてしまったという事件です。

抜管をしたこととミオブロックを入れたことの両方併せて、殺人罪として起訴されたという事案でした。その時に、最高裁判所の判決にはいくつかの論点があったのですが、どういう要件があれば抜管行為は違法ではないのかということが問題点になったんです。これについては、最高裁は違法だと言ったので、違法でないことの要件を明確に言っているわけではないのですが、こう言っています。

「抜管行為が被害者の推定的意思に基づくということもできない」。これは文字通り考えると推定的意思に基づく場合は許される余地があると言うべきなんですね。ですから、法律上許容される治療中止はあるのですが、今はこの要件にないです。最高裁の判決で初めて「推定的意思」と言い出したわけです。ですから、私たちが終末期においてしなければならないプロセスで、かなりの数、必ず本人の推定的意思をみんなで考えていくというプロセスが要求されるということなんですね。

法律上の事前の意思の尊重

もう一つは、事前の意思ということです。そのときの意思ではなくて、例えばひと月前の意思、今でいうとＡＣＰなどがしているかもしれませんが、そういうものも事前の意思の一つなわけです。アメリカではＡＤ（Advance Directive）というものがあります。そのなかにLiving Willという制度と、ＤＰＡという制度があります。

事前の本人の意思決定を尊重する法制度はない。しかし、法制度がないことと、事前の意思を尊重することは別のことである。

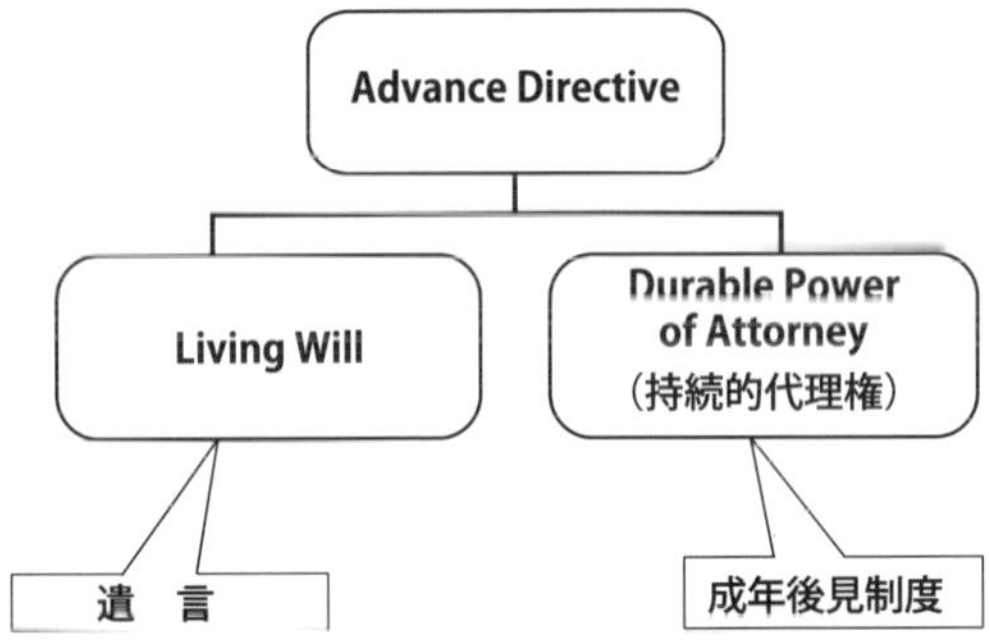

図４　本人の事前の意思を尊重する

ＤＰＡ（Durable Power of Attorney：持続的代理権）とは何かといえば、例えば、自分が意思決定能力がなくなったときに、奥さんが決めるという権限を事前に奥さんにあたえておくということです。リビングウィルというのは、自分の意思決定能力がなくなったときにはドクターに対してこういうことをしてほしいし、こういうことはしてほしくないということの指示のことをいうわけです。これは日本には法制度がありませんが、アメリカにはあります。ですからアメリカは、リビングウィルの通りにするということで本人の意思が尊重されてかつ、ドクターは免責されるんですね。ＤＰＡも奥さんの言う通りにすれば、一応、本人は奥さんを通じて自分の意思を表現できるという意味で意思が尊重されたと言えるし、患者さんを診ているドクターからすると免責をされるという効果があります。こういう制度あるんです。

ところが日本は遺言しかありません。遺言は死んだときに効果が発生するものです。それから、成年後見制度も実は、医療同意権がないといわれています。このへんが今、立法上の問題になっているところです。しかし、事前の意思を尊重する法制度がなくても、事前の意思を尊重しなければならない。よく僕らが間違うのは、法律の制度がなかったら、「そんなもん尊重せんでええ」ってなりますが、それは違いますよね。倫理的にいうと、やっぱり本人が、示すことができなくても、事前に示してる意思はそれなりに尊重しなければならないですよね。ここがまず一点。

家族による自己決定の代行は認められない

もう一つあります。これは川崎協同病院事件の控訴審、東京高等裁判所が言ったものです。川崎協同病院事件ではご家族が「抜いてくれ」って言ったんです。もしもご家族に抜管する権限があるんだったら、医師の行為は違法ではないじゃないですか。それに基づいています。「家族による自己決定の代行は認められない」ということなんですね。つまり、家族には、最期のところを決める権限はないというふうに言うんです。法律がこう言ったんです。

何故ならば、家族というものは、本人との関係性が非常に複雑です。例えば、父親の年金で食べてるような人は、「やっぱり死んでもらったら困る」ということがあります。まだローンが残ってるとかいうのもありますよね。かと言って、今亡くなると仏壇の下に三百万円あるのを知っているから、これをもらえるとなったら……そんな露骨な事案ばかりではありませんが、そういう利益が相反する場合があるということなんです。

そう考えると、家族の意思をそのまま私たちは受け取るわけにはいかない。

先ほどの私の父の例でいうと、「ご家族さんで決めてください」ではないんですね。「ご家族さんで決めるにあたって、ご本人が今もしも意思決定能力があったら、今の状態に対してどんな選択をされるかを今までの健康観とか価値観を踏まえて、ご家族さんで本人の意思を考えてみてください」と、実はこう言わなければならないということなんです。

人生の最終段階における医療決定プロセスに関するガイドライン

「人生の最終段階における医療決定プロセスに関するガイドライン」というものが厚労省から出ています。これは、専門的な医学的な検討をして、患者さんの意思が確認できる場合は左ですけど、確認できない場合は、右側の事前の意思の確認。ここは明確には書かれていませんが、事前の意思を確認して、家族が患者の意思を推定するというふうに書いてますね。「家族が決める」とは書いてない。ここのところをやっぱり大事にしていただきたいと思います。

こういうガイドラインがあるということは、国のなかでそれなりに、本人の意思をできるだけ尊重していくための終末期のプロセスが重要であると考えて出してきたということで、完璧にできないかもしれないけれど、こういうガイドラインがあるということを前提にして考えていただいたらいいと思います。

そして今、こういうガイドラインが、臨床倫理に関するガイドラインなんですが、いくつか出てきます。例えば、日本緩和医療学会の「鎮静」とか「輸液」ですね。それから日本老年医学界はPEGのガイドラインです。PEGも最終的には要らないということもあり得ます。あるいは、日本透析医学会の人には、これは維持透析といわれて、透析を最終的にウィズドロウ（withdraw）、止めるという決定はその人の命に関わることだからということで、こういうガイドラインがある。それから日本臨床倫理学会はDNARのガイドラインがある。これらはいずれも倫理に関するガイドラインなんですね。こういうものが少しずつ出てきているということを知っておいてください。僕はこの鎮静と輸液とDNARのガイドラインで委員を務め今も改訂中です。少しこういうものを紐解いていただくことも、皆さんの力になるのではないかと思います。

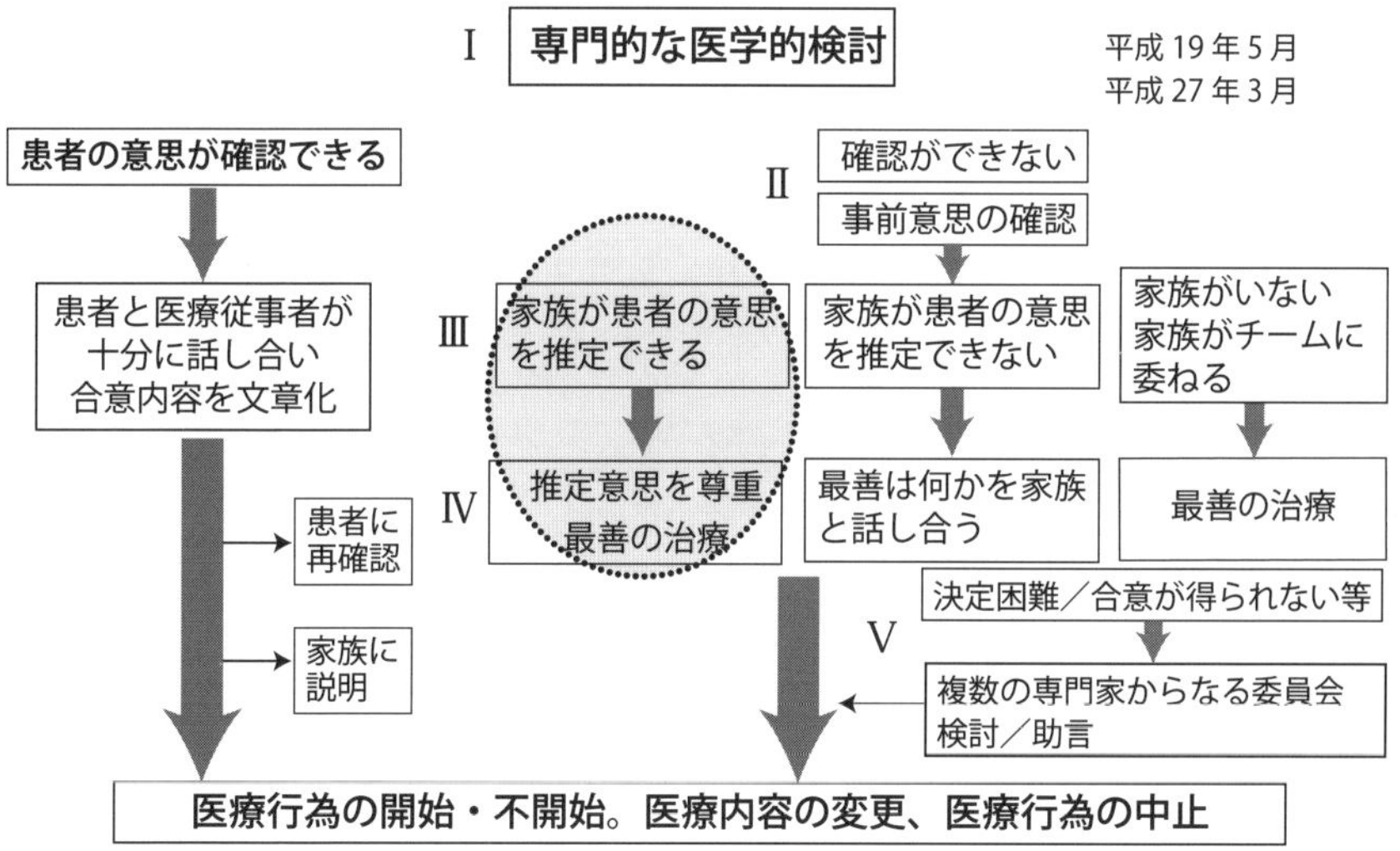

図５　（厚生労働省）人生の最終段階における医療の決定プロセスに関するガイドラインのアルゴリズム

意思決定が困難な方への支援——選好

意思決定が困難な方への支援です。終末期も当然、意思決定は難しいですが、今日は少し条約のこと、あるいは今、厚生労働省でやっていることなどを踏まえてお話しします。

障害者の権利に関する条約というものが二〇一四年に発効しました。実はもっとだいぶ前にあったのですが、なかなか批准できなくて一四年に批准しました。その中の十二条に法律の前に等しく認められる権利として、障害者の権利、意思及び選好を尊重すると書いています。「選好」ってあまり聞いたことのない言葉です。英語で言うとpreferenceです。「意思」というのはどちらかというと、その人がきちんと合理的に決めたみたいなことがニュアンスとして含まれていると思いますが、「選好」とは何かというと、例えば、「饅頭食いたい?」と聞きますよね、「なんで饅頭食いたいん?」、「いや、そりゃ饅頭食いたいから」。こういうものなんです。

つまり、その本意が言えなくても、その人が選ぶというものについては、それを尊重するということなんです。「意思及び選好を尊重する」、これはだけど「障害者の権利に関する条約」です。ですが、よく考えたら障害者の意思や選好を尊重するのであれば、当然、すべての方の意思及び選好を尊重しなければならないという条約と同じ意味なんです。認知症の方も障害者に含むかどうかよく議論があるのですが。

認知症の人の意思決定支援

そこで国は、障害者・高齢者・認知症の人の意思決定支援の方策が必要だと考えて、（平成）二十七年に老健事業の一環として今からお話しするような検討があって、二十八年に今度は「認知症の人の意思決定能力を踏まえた支援のあり方に」関して検討して、今、二十九年です。二十九年は、「日常生活や社会生活等において認知症の人の意思が適切に反映された生活が送れるようにするための意思決定支援のあり方に関する研究事業」が、つまりガイドラインができつつあります。この三月にできます（その後、厚生労働省「認知症の人の日常生活・社会生活における意思決定支援のガイドライン」平成三十年六月作成、通知）。

認知症の人の心身の特性に即した配慮のための観点

僕は老健事業の応責任者で、まさに今朝もつくっていたみたいな感じなんです。ですから、この意思決定支援ということは、実は今すごく動いているところです。そして、今日、私がここでご紹介するのはここですね。いくつかのルールができてますので、これをちょっと見てみましょうか。

これ、二十七年度なんですが、「認知症の人の意思決定支援に関する倫理的・法的な観点からの論点の整理」と書かれています。僕が中心になって進めているのですが、「倫理的・法的には認知症の方とそうでない方と、意思決定支援にあたって特段異なった取り扱いはない」んです。だけど、認知症の人が心身の特性に即した配慮のための観点を指摘することは、やはり必要だということでつくられたものなんですね。

観点1　認知症の人の尊厳は守られるべきではないか。

例えば、この尊厳は、なんで尊厳……別に「認知症」と書かなくても「私の尊厳」でいいでしょ。だけどなんで1が「認知症の人の尊厳」なのかと言えば、認知症の方々の尊厳は守られていないのではないかということなんです。それを考えていくための一つ目の方策。

観点2　認知症の人は、意思決定において差別を受けるべきでないのではないか。

認知症の人は、意思決定において差別を受けているんじゃないか。例えば、認知症と診断されたらなんにも決定することができないと思って、もうおばあちゃんのことは考えずにご家族さんの気持ちで決めてないかということです。意思決定というそこの場面においては、差別受けているのではないか。

観点3　認知症の人は、自己決定をする権利を有し、自己決定をしたことについては、関係者はその決定を尊重するべきではないか。

そして、自己決定をする権利があって、自己決定したことについては関係者がその決定を尊重すべきではないか。僕はこの関係者のなかにご家族も入ってほしい、本人が本当の意味で自分の人生を考えて決めたことについては、例えば「私はもうこういう状態になったらPEGは要らない」とおばあちゃんがずうっと言っていた。しかし、息子さんが、「やっぱり、おばあちゃんを生かすためにPEGを増設してほしい」とおばあちゃんの意思を覆す。それはやはり避けたい。

観点4　認知症の人は、意思決定をする上で必要な情報について説明を受けることが必要であり、医療者等は、医療等を提供するにあたり必要な説明が求められるのではないか。

観点5　説明は、認知症の人が理解できる方法で行われるべきではないか。

必要な説明はしましょうよ。そして、それは理解できる方法で行われるべきではないのか、というようなことが書かれています。

別にこれは認知症の方だけではなくて、考えてみると、すべての医療がこういうルールに基づいて行われるべきだと思います。ただし、「べき」だといって、現場で実際にできるかという問題とはやはり距離があると思います。だから、この「倫理的にはこうすべきなんだけど、できないこと」をどうやってやっていくのか、あるいは、この理想に近づけるためにはどんなふうにして協力していくかっていうことが一番大きな問題になるわけなんですね。

観点8　認知症の人に意思決定能力がないという判断は慎重に行うべきではないか。

意思決定能力がないという判断は慎重に行うべきだと書かれています。つまり、普通の人であっても、認知症の人であっても、どんな方であっても、その人がまず自己決定ができて、自分で自分のことを決めることができるという前提で、私たちはフォローする。だけどできないことも当然ありますよ。しかしそれも、認知症といわれたからといって、すぐに「できない」と言わないで、そこにはワンクッションもツークッションもおいて考えてみましょうということがあると思います。参考資料として、世界的なリスボン宣言や医療法をあげています。いろんな根拠が書かれておりますので、これも参考にしていただいたらいいと思います。

観点12　認知症の人の意思を推定できる場合も、できない場合も、可能な限り、その人の希望、人格、価値観を踏まえた最善の治療・非治療・ケアを追求することが考えられるのではないか（主観的最善の利益）。

観点12が一番最後ですが、認知症の人の意思を推定できる場合も、できない場合も——ありますよね。例えば、「このおじいちゃんは何を考えているのかな」と考えたとしても、それは私たちが推測していることですよね。本当の本人の意思かどうかっていうのは、最後までわからないです。だから「できる」「これはおじいちゃんはできへんのや」って思えても、あるいは思えなくても——可能な限り、その人の希望、人格、価値観を踏まえた最善の治療・非治療・ケアを追究することが必要なのではないか。

やはりその人に即して Person-Centred Care と言いますが、それは言葉が踊ってるだけではなくて、本当の意味でその人の希望とか、その人の人格とか価値観を踏まえて私たちは支援していくということが必要かと思います。

それぞれの現場で意思決定支援をするためのプラクティス

このなかで平成二十八年度の支援事業があって、そして日常生活や社会生活等において認知症の人の意思が適切に反映された生活が送れるようにするための意思決定支援のあり方に関する研究事業を平成二十九年度にやっておりますので、これがたぶん来年の三月に出て、そして、四月、五月でパブリックコメントに出されると思います（その後、厚生労働省「認知症の人の日常生活・社会生活における意思決定支援のガイドライン」平成三十年六月作成、通知）。

まさに日常生活や社会生活なんですよ。そのとき、例えば、老健でおじいちゃんおばあちゃんがご飯を食べるときに、パッと食べさせるのじゃなくて、「おじいちゃん、食べようね」、「一緒に食べようよ」と意思を確認しながら食べるであろう、そういうようなことが書かれる予定なんですね。私たちは本人の意思を自分で思っているほど支援できていないと思うし、本人の意思を尊重していくということはいったいどういうプラクティスなのかということを、もう一回考え直してみたい。

それで、自分を主語にすると、僕は自分の意思を尊重してほしいと思います。であるならば、それを支援するための方法論をもうちょっと詰めてやっていくということが大事だと思います。これは、私たちだけで考えているわけではなくて、当然、当事者、皆さんのような方の代表者にも来ていただいて一緒につくっているものです。是非、このガイドラインができたときには、皆さんから忌憚のないご意見をいただければと思います。

三つの意思決定ガイドライン

今年の三月に、障害者の福祉サービスの利用等にあたっての意思決定支援ガイドラインっていうものができました。これは皆さんあまりご存じないですよね。こういうものもやっぱりちょっと知っておいていただく必要があると思います。

最終的には、こんなかたちになるんです。意思決定、厚労省は意思決定支援ガイドラインを出して、一つは先ほどの「人生の最終段階における医療決定プロセスに関するガイドライン」、これも意思決定支援のガイドラインなんですよ。で、さきほど出てますような、障害福祉サービスの利用等にあたってのガイドラインがあって、もう一つ、これがこの三月出ると、三つ出てきます。三つ出ると、これがそれぞれがどういう関係にあるのかというのが、また問題になって、これが統合ガイドラインになりますね。ということは、この五年間で「意思決定支援」に関しては実はとっても動く状況なんですね。だから、今皆さんで考えていただきたいのは、こういうガイドラインが出たから「そんなことをせい」というようなものではありません。むしろどんなふうにガイドラインを使っていくのかと、あるいはうまくいかないところをどうやってやっていくのかということを考えていかなければならない。

臨床の現場で僕らが提案するのは、「意思決定支援会議」というような場を少しずつつくっていってもいいのではないか、ということです。これはケアカンファレンスとちょっと違うんです。本人の意思をどうやってみんなで考えていくのか。ドクターが見ている面もあるでしょう。しかし、やはり在宅にいらっしゃるご家族から情報を提供していただかなきゃならない。訪問看護師もいらっしゃるでしょう。

そんなかたちでみんなで、このおじいちゃんおばあちゃんが何を一番大事にしているのかなというふうに考えていくプロセスを、私たちはもっともっとつくっていきたいなと思っています。

高齢社会を支えるまちづくり

太田　秀樹

医療法人アスムス理事長

人生の階段　上：男性、下：女性

人口、疾病、医療 ── 変化する社会構造

皆さん、おはようございます。ご紹介いただきました太田です。

今日は「地域づくり」というとても難しいテーマをいただきまして、私の仕事は一応医者なんですが、医者が地域をつくるというと、ちょっと訝しく受け止めている方もいらっしゃると思いますけど、お付き合いいただきたいと思います。

私は現在六十四歳でして、もうすぐ六十五歳なので年金がもらえます。日本医師会から養老年金の手続きをしろと言われています。関西人でして、岐阜の高等学校を出ました。事務次官だった本田君（国土交通省事務次官：本田勝）と同級生です。あと、慶應大野球部の後藤君（慶應大学野球部総監督）も同級生です。

栃木県で出前医療を始める

一九九一年に障害者とアメリカに出かけたことで人生を変えてしまい、九十二年にすぐ大学を辞めて、栃木県小山市というところで出前医療を始めました。今年で二十六年目に入ります。いま、三箇所で診療所を運営しています。外来をしながら往診に行くという診療のタイプですね。それぞれの診療所は多機能として訪問看護ステーションがあったり、デイサービスセンターがあったり、老健を併設したりしています。そういうようなことで、在宅医療を一生懸命にやっていますが、施設を否定しているものではございません。

栃木県、群馬県、茨城県は、とても地味な県でして、皆さんはどこにどういう位置関係であるのかほとんどご

存じない。知識が豊富な新聞記者の記事に、「群馬県の太田先生」と書かれたり、「太田先生は茨城ですよね」と言われて「いやいや僕は栃木です」と訂正したりというような感じです。この間、ブランド総合研究所から出た魅力度ランキングというのを見ると、なんとワースト5に三県がノミネートされていました。

第三の医療とまちづくり

日本の人口の構造が変わった、つまり社会が変わったんですね。こうして会場を見ても、五十歳以下の方はここにあまりいないんじゃないかと思います。もはや日本社会は五十歳以上と五十歳未満の方が同数です。

図1：医療法人アスムス機能強化型在宅療養支援診療所
上：おやま城北クリニック（栃木県小山市）
中：生きいき診療所（茨城県結城市）
下：蔵の街診療所（栃木県栃木市）

高齢者が増えると疾病の構造が変わると言いますが、疾病の概念が変わってしまったんです。フレイルやサルコペニア、認知症などもそうですね。「認知症は病気か、いや病気ではない」と議論される、そんな感じになってきました。

そういう状況ですから、医療は当然変わります。医療とは医学の社会適応ですから、社会が変われば医療が変わるわけです。そこで第三の医療として在宅医療が生まれてきた。もちろん訪問看護も非常に重要です。つまり、暮らしの中で治して、支えて、看取るところまでが求められる医療ということです。つまり、生と死と両方見つめる医療です。病院医療は命を救うための医療ですから、その辺りがちょっと違う。したがってこの「第三の医療」を提供するために、医療を提供するシステムが当然変わる。これが地域包括ケアです。

私は、地域包括ケアは新たな秩序と受け止めています。地域包括ケアは何かというと、実はこれが「まちづくり」で、今日のテーマである「地域づくり」というのはまさしく、地域包括ケアシステムをどのように構築していくのかということになると思います。

医療の限界——高齢化による生物学的個体差の顕在化

さて、落語家の桂歌丸と加山雄三、実はこの二人は同級生です。矍鑠《かくしゃく》としてヨットに乗っている加山雄三と車椅子に乗っている歌丸の写真を見比べて何を言いたいかというと、高齢化すると生物学的個体差が顕在化するということです。加山雄三が元気なのは、医療の力ではなく遺伝の力です。元気ではない歌丸を、医療の力で元気にできるかというとそれはもうできないんです。

この差は何かというと、標準化ができないということです。八十歳というのは、「こういう活動性をもって、こういう能力があって、こういう身体運動能力があって」というふうには標準化できないんです。なぜならば、医療は命を救うために発展してきたわけですが、八十歳の男性は半分ぐらい亡くなっているからです。つまり、医療が力およばず、薬石効なく、もう半分の人が天国に逝ってしまったというのが八十歳です。

したがって、医療に何ができるのかということを考えなければならない。もちろん、若い人を救うという医療はあります。それは、しっかりとした医療です。ところが個体差が歴然とある八十歳の人に、いったいどんな医療が役に立つのか、そういうことを考えなければいけないですね。

八十歳を超える人に必要な医療

絵梨ちゃん、昭恵さん、スゑさん

人口ピラミッド（図2）が、こんなふうになっています。「あるところに……いたるところにおじいさんとおばあさんがいました」という時代です。

健康を損なってから寿命を迎えるまでに、約十年の虚弱な期間がある

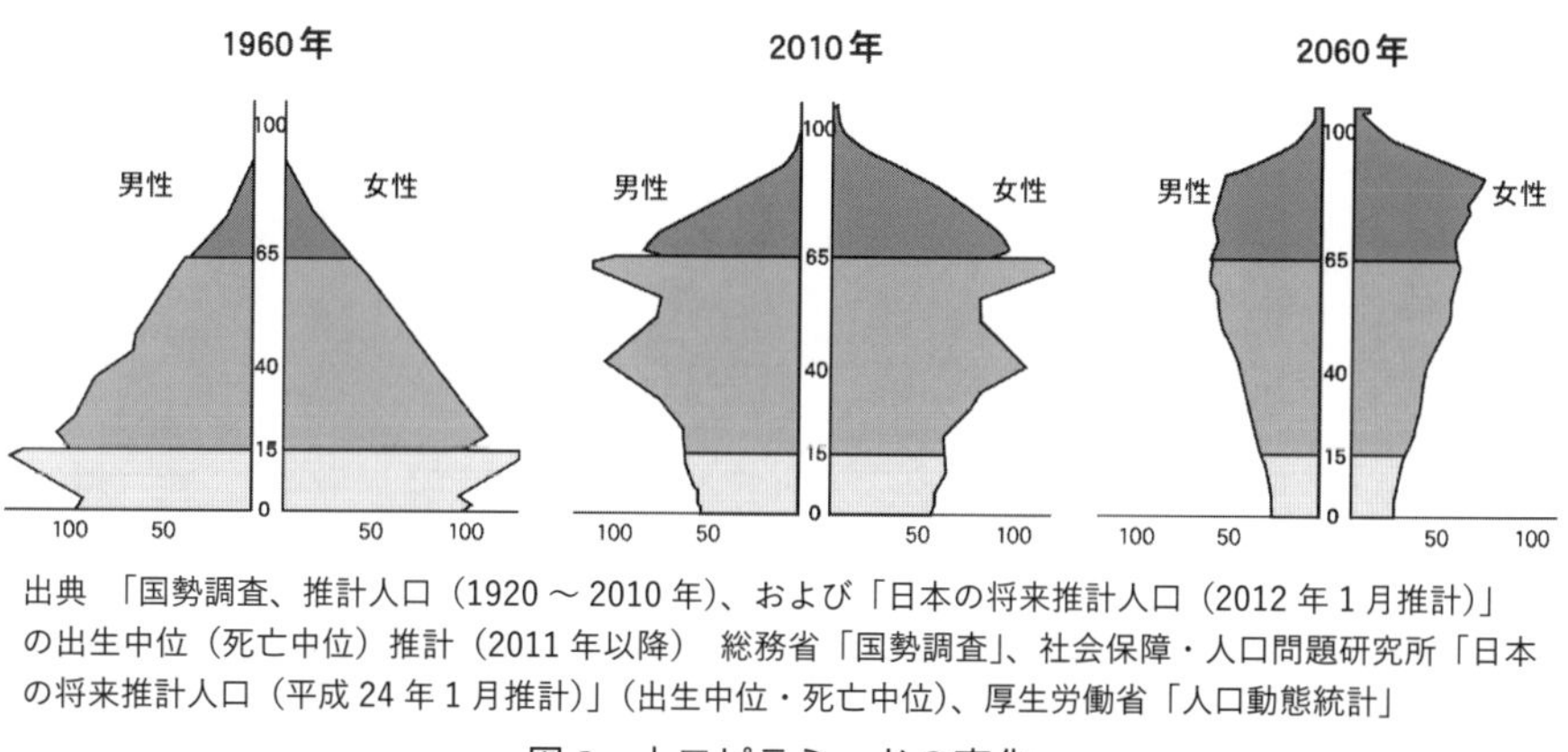

出典 「国勢調査、推計人口（1920～2010年)、および「日本の将来推計人口（2012年1月推計)」の出生中位（死亡中位）推計（2011年以降） 総務省「国勢調査」、社会保障・人口問題研究所「日本の将来推計人口（平成24年1月推計)」(出生中位・死亡中位)、厚生労働省「人口動態統計」

図2 人口ピラミッドの変化

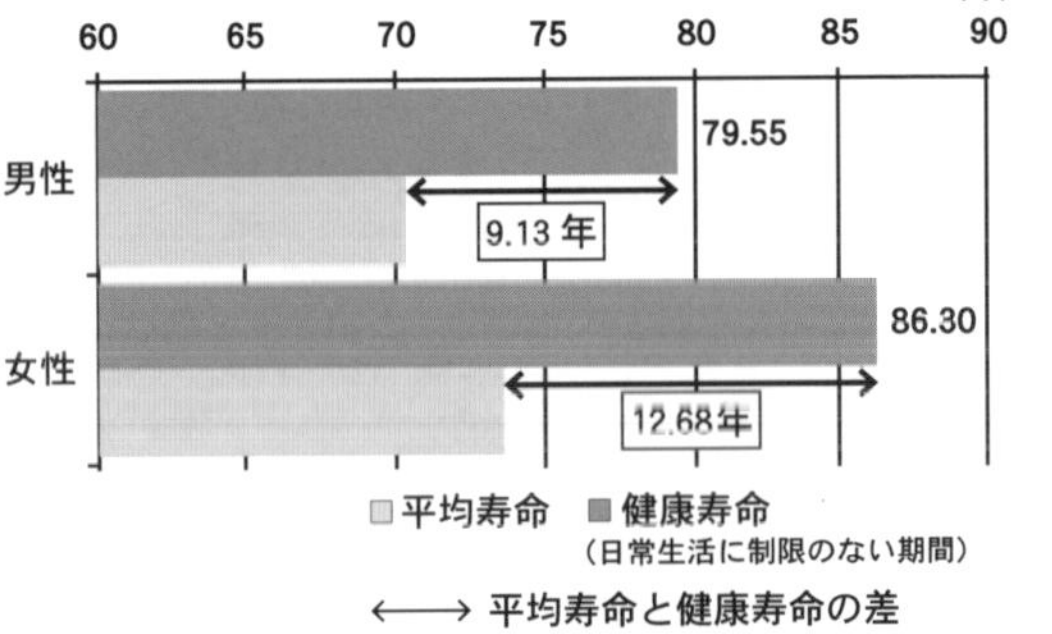

資料：平均寿命（H 22）は、厚生労働省「平成22年完全生命表」、健康寿命（H 22）は、厚生労働化学研究費補助金「健康寿命における将来予測と生活習慣病対策の費用対効果に関する研究」。
［出典］構成化学審議会地域保険健康増進栄養部会・次期国民健康づくり運動プラン策定専門委員会「健康日本21（第二次）の推進に関する参考資料」p.25

図3　平均寿命と健康寿命の差

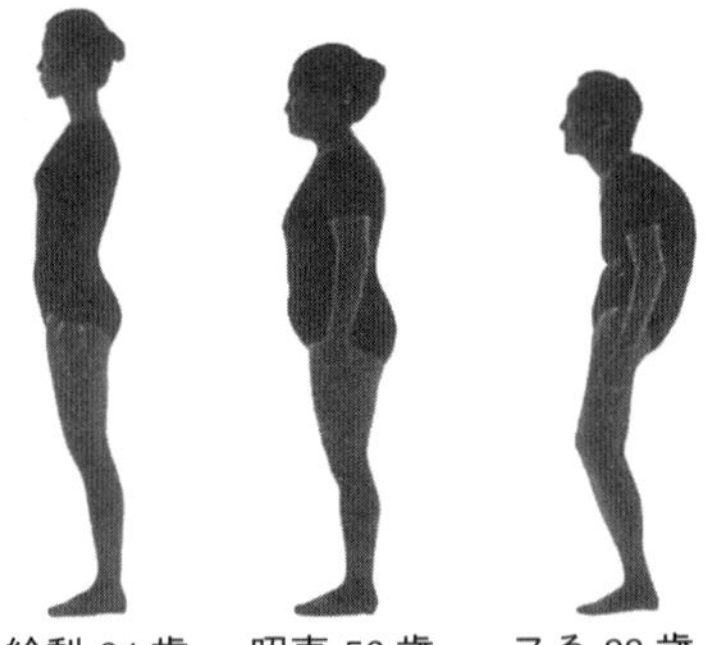

図4　加齢による肉体の変化

というのは紛れもない事実で、平均寿命と健康寿命にこれだけの差がある（図3）。看取りが視野に入っているわけですから、健康寿命を失って、そろそろ寿命が来るというこの十年間にどんな医療が必要で、その医療を提供するにはどんなシステムが必要で、ということなんです。

図4のような感じです。絵梨ちゃんは医療は必要ありません、元気だから。昭恵さんは胸よりお腹が出ています。この人は、例えば胆嚢炎を起こして入院して、胆嚢を取って帰ってくるとパワーアップしている。「私は水を飲んでも太る」なんて言っている。こういう人は、一つの病気を病院に行って治療すると健康になって帰ってくるんですよ。

ところが、スゑさん。この人は、病院に入るといろいろ複雑な問題を抱えて帰ってこなくなるんです。ですから、皆さんの地域で、ある時、夜中に救急車が来て、「あそこのおばあちゃん、運ばれて行ったみたいだけど」

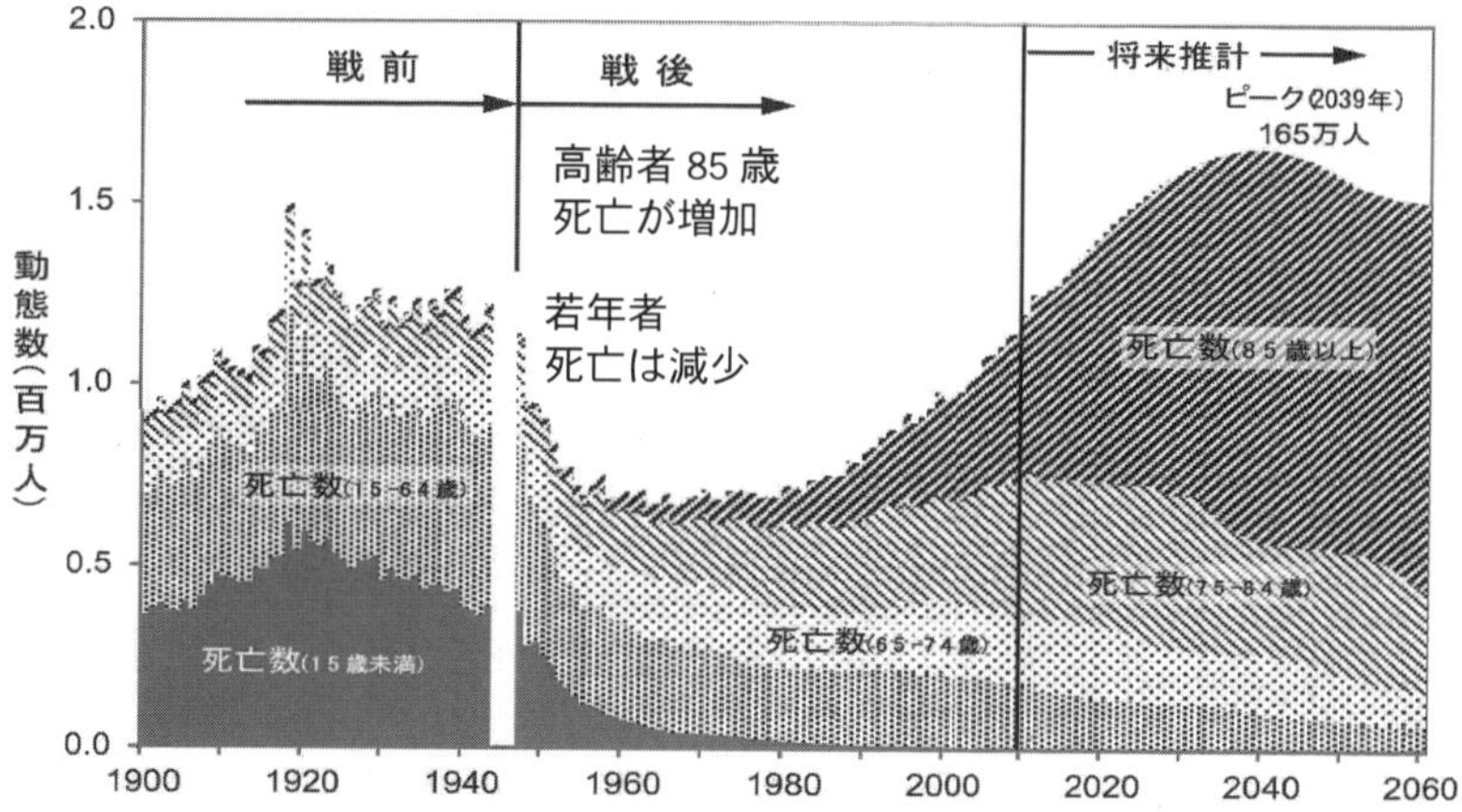

図5　世代別死亡数の推移

と、そこまではいいんですが、「でも、葬式は出てないみたいだから生きているみたいだけど、どこで生きてるんだろう」となるわけです。皆さんの地域から突然、スゑさんは消えるんです。ですが、生きているんですね。そこなんです、今の課題は。

健康寿命と平均寿命の乖離

つまり、大部分の高齢者は虚弱の期間を経て死ぬというのは、健康寿命と平均寿命の乖離が雄弁に物語っています。ところが、この虚弱な期間を支えるヘルスケアシステムがないんです。だから今、地域包括ケアシステムが必然で、在宅医療への期待が一層高まっている、そういうことになります。

図5は、今後どういう人が死ぬかという国立社会保障・人口問題研究所からのデータ（金子隆一資料）です。圧倒的に七十五歳以上、特に八十五歳以上が死ぬんです。若い人は死にません。医学が進歩したからですよ。若い人の数も少ないけれど。今はアフラックの保険は八十五歳まで入れます。なぜ入れるかというと、八十五歳まで死なないことになっているからです。では、八十五歳を超えたらなぜ入れないかというと、そろそろ死ぬからです。ですから八十五歳

を超えたら、その時にどんな医療が要るかということです。

入院治療の弊害

入院関連機能障害

Hospitalization-Associated Disability（入院関連機能障害）、HAD《ハド》と言うんですが、これについては、入院すると安静臥床によって三割から四割に運動機能などの生活機能が低下するというデータが出ています（引用　慈恵医大雑誌　2014年;129:59-70　角田亘ら）。ですが問題は、「生活機能が低下することはわかっているのに、何故入院するんだ」ということで、そこを変える必要があります。

つまり、フレイル、frailty（フレイリティ）、frail elderly の frail ですが、日本語では「虚弱」と訳します。だけど虚弱というと儚いようなマイナスのイメージなので、frailty が本来名詞の使い方ですが、あえて虚弱と言わずに frail という形容詞を病名として使っています。これは、日本老年医学会が提唱した言葉で、要するに弱ってきたということです。つまり、健康を失って誰かのお世話にならないと生活できなくなるような状況をフレイルと言います。

当然、認知症、認知機能の低下もフレイルの中に含まれていますし、「水を飲んでも太る」と言っていた人が「最近は食が細くなって太ることはなく、何を食べても痩せる」というサルコペニアなども、フレイルのなかに入っている概念です。

入院栄養障害

それから入院栄養障害（Hospital malnutrition）ですが、これは入院すると、入院する前よりも栄養状態が悪くなって帰ってくることをいいます。

私の敬愛する教授のお母様は九十を超えているんですが、ちょっとした検査のために病院に入院されました。すると、朝、お粥のようなものと、ちょっと色のついたすまし汁か味噌汁かわからないようなものという、非常にシャビー（みすぼらしい）な朝ご飯が出てくるわけです。

この方は海外生活が長くて、九十を超えた今でも、朝はカプチーノとクロワッサンにバターを塗って、目玉焼きを二個食べていたんです。そういう人が入院した途端、お粥のような薄い色のついた汁が出てくる。それは口にあいませんよ。でも、食べなかったらどうなるかというと、認知症が進んだ。それで、病院側は食べなければ縛ってでも点滴をするという対応になってきて、彼女は徐々に弱っていったというような経緯のようで、家族がそこから救出したという話なんです。そして、お母様は家に帰ってきたら元気になった。そういうことがあるんです。

悪しきパターナリズムかもしれませんが、認知症があって食事が摂れない人に対して、縛ってでも栄養を送ることが正しいと考えている人もいるんです。調査すると、医療関係者の五人に一人が認知症であっても死ぬまで栄養管理したほうがいいと答えています。したがって、この入院というイベントが、高齢者の人生にとって非常に大きな意味を持つわけです。

施設の現実

平成二十九年の現実についてお話しすると、ある施設では、みんな天井を向いて寝ていました。ひとりのおじいちゃんは既に亡くなったんですが、足には床ずれもありました。この床ずれは一年半、このまま治らなかった。でも治らなかったことが悪いのではなくて、この状態で一年半生きたことがすごい。

ここは素晴らしい管理をしてくれる施設で、においもなければ、スタッフも多いし、もちろん虐待なんかもなくて。すごく清潔で、朝になったらベッドを三十度に起こしてくれる。あとは食事と称する注入が始まって週に二回は風呂に入れるわけですが、これは刑務所と同じです。ＩＶＨや、なかには胃ろうの人もいました。

こうして二年ぐらいで亡くなるのですが、彼らには笑顔がありませんでした。僕も一度、この施設の管理をしているんですが、笑顔を見たことがない。しゃべれる人はせいぜい「なにすんだバカヤロー」とか「痛ぇよ」とか「苦しい」、そういうことは言いますが、感謝の言葉を伝えるような人は誰もいない。こういう状況で天井だけを見て、一、二年くらい生活して、亡くなっていくんです。この状況は四十年前とほとんど変わっていません。

私が医者になりたての頃は、「老人病院」と称するところはほとんどこの状態で、みんな点滴に繋がれて亡くなっていったんです。当時は、年をとるとこんなふうに死んでいくんだなという受け止め方しかなかったんです。

医療の役割の変化

寝たきり老人のいない国、デンマーク

それがある時、「これはおかしい」と思い始めたきっかけが、大熊由紀子さんの書いた『「寝たきり老人」のいる国いない国』（ぶどう社）という本なんです。あの本は、一九九〇年の出版です。あれを読んだときは、にわかに信じがたかったです。デンマークは寝たきりがいないけど、日本は寝たきりがいる国だと。どういうことなんだろうと。

それで物好きなお医者さんと一緒にデンマークに行って、「寝たきり老人捜索ミステリーツアー」をやったんです。行ってみると、実際に寝たきりがいなかった。その時に「なんで寝たきりがいないんですか」と訊いたら、「なんで日本には寝たきりがいるんだ?」と逆に訊かれて、「そうか」と。その思想には非常に共感を覚えました。ただ、デンマークと日本の社会とはバックグラウンドが違います。ゲルマン系の人たちは非常に合理的ですが、日本人はどちらかというと東洋思想で、謙譲の美徳とか「老いては子に従え」のようなところがあります。

文化も違うわけで、やむを得ないかなと思っていたんですが、最近やっと、こういう寝たきりの状態で生きていくということに対して、明確に疑問の声が上がってきましたね。

医療の役割の変化

病気の概念が変わってきました。高齢者が増えたことで、治せるものは治せるのですが、治せないものが残ってくるわけです。

例えばメタボリック症候群などは症状はなく、治す対象ではありません。薬を飲んで数値を下げるだけです。六十歳代になってくるとロコモティブ症候群、つまり膝の痛みがとれてもスタスタ歩けない。「私、膝が悪いから」と膝の関節の手術をして、膝がよくなったからといって走れるかというと走れない。青信号が点いている間に横断歩道が渡れなかったり、いろんな不都合が出てきます。

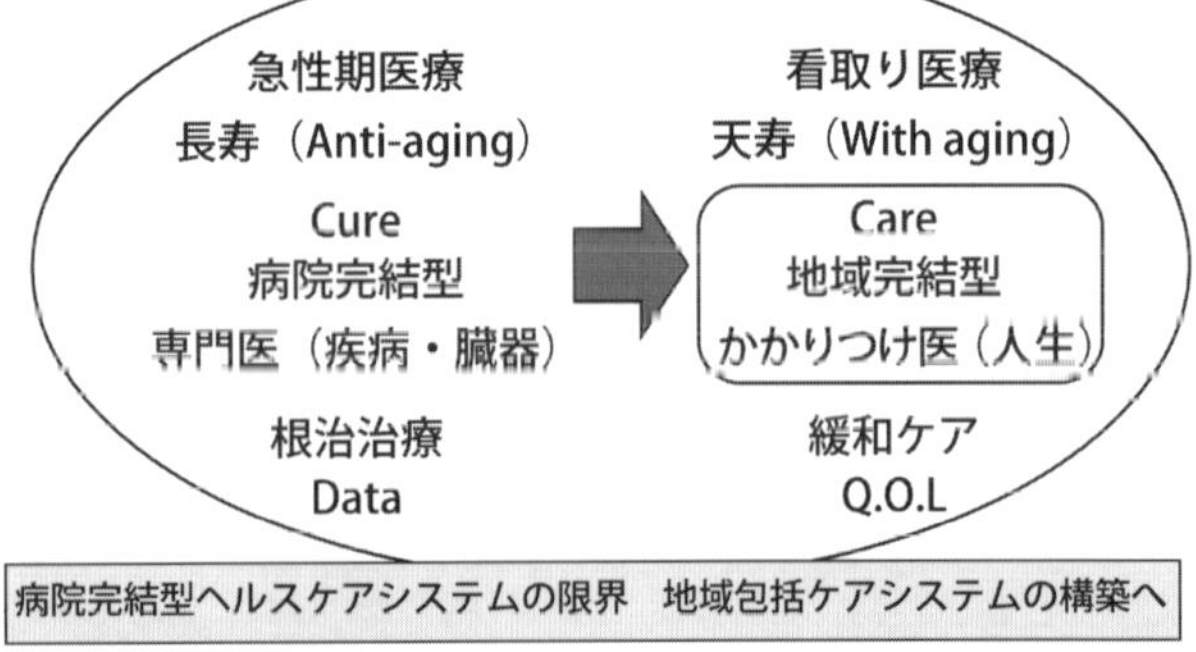

図６　超高齢社会・多死社会の医療の役割の変化

そのうちに八十歳代になってフレイルやサルコペニアといった問題が出てきて、当然、認知症が大きな課題になります。こういった病気は医療の対象にはなりますが、医療だけではクリアできません。

まとめると、超高齢社会というのは多死社会です。多死社会になると当然、医療の役割は変化します。つまり、命を救う急性期医療だけではなく、「看取る」医療がとても重要になってくるわけです。

命を救うことしか考えていなかったから、チューブにつながれて延命するような状況がつくられて、人生の最期の一、二年間はベッドの上で暮らすというようなことが起こるわけです。そこに尊厳があるのかという話になります。

ですから、長寿を目指した医療ですが、やはり天寿を全うしてもらうことも必要なんです。アンチエイジングなんていうのは怪しいに決まっているんですよ。ドモホルンリンクルで皺が伸びても、寿命は延びません。「キュアからケアへ」、「病院完結から地域完結へ」、「臓器を見るから人生を見るへ」、このように人生を支えるってすごく大事ですよね。

根本的な治療で治るのではなくて、苦痛を除くような緩和医療、そして医療が介入した妥当性のものさしというのは、血圧が下がったとか、コレステロール値が改善したとか、データをよくすることじゃなくＱＯＬ(Quality of Life＝生活の質、人生の質）を高めることです。

ＱＯＬというのは非常に使いやすい言葉ですが、では「ＱＯＬとは何か」というと、なかなか難しい。人それぞれ違いますから。つまり、本人の生き様、本人の自己実現、そういったことをきちんと汲んだ医療を提供する必要があるということです。

病気を治したら元気になる医療であればいいんです。病気を治すということは一番大きな目的だから。ところが、一つの病気を治しても元気になれない人に対して、一つの病気を見つけてそれを治療しようということによって、さらに事態を複雑化させているという現実があるんですね。つまり、病院完結型のヘルスケアシステムの限界なんです。だから今、地域包括ケアシステムというのが、大変重要になってきたわけです。

地域包括ケアシステム

「社会保障の自給自足」「医療・介護の地産地消」

地域包括ケアシステムとは何かを、自分の言葉で語れるかということがすごく大事です。「住み慣れた地域で最期まで暮らす仕組み」などいろいろ言われますが、では、いったいどんな仕組みなのかはよくわからない。私はストレートに「社会保障の自給自足」「医療・介護の地産地消」だと思っています。

私が仕事をしている地味な北関東には、首都圏から大規模な介護ビジネスが襲来してくるんです。そうすると、地域にせっかくあった文化が崩れてしまう。そこで育った看護師や介護士たちがみんな、花の都・東京に行ってしまうんです。そうすると、地域に職員がいなくなります。介護職、あるいは看護師もいない。ですから、国が今何を考えているかというと、東南アジアから連れてこようという話をしているわけです。

図7　地域包括ケアシステムの植木鉢

自分の町で生まれて育った看護師や介護士が東京に行ってしまうわけです。そして、東京から大規模な介護ビジネスが来て、非常にいいサービスをしていた小さなデイサービスセンターが倒産したりすることが起こっているわけです。こんなことを言うと叱られますけども、本当に「入鉄炮・出女」ですよ。利根川に関所を作って、そこから出さないようにしないとダメですね。

どう死ぬかは個人の問題

図7の絵の植木鉢は、お年寄り一人ひとりです。ですから、どこかの町に百人のお年寄りがいれば、百の植木鉢があるわけです。この絵の非常に重要なことは、「本人の選択と本人・家族の心構え」というトレイの上に植木鉢が載っていることです。

「すまいとすまい方」ですが、「すまい」はハードで、「すまい方」はソフトです。生き様です、どんな暮らしをするかです。どんなところに暮らすか。そこにはじめて医療や介護があって、地域包括ケアシステムが成立するわけです。

大事なのは「自助・互助」です。ですが、「自助・互助」が大事だよと国が言っているのは、ちょっと腹が立ちますよね。国は「もう何もできませんよ」と手を上げているんです。税収はほとんど医療費と介護費に使ってしまい、道路を作ったり、いろんな整備をするお金は国債、借金です。地域包括ケアシステムというのは、そういう状況の中で「国に頼られても、もう何もしてあげられない、申し訳ないね。だから自分たちの問題は自分たちで考えてくれよ」というメッセージですよ。

だけど冷静に考えると、これは私たちの課題です。私たちがどう老いて、どう死ぬかというのは、個人の問題です。個人の問題は誰が解決するかというと、やはり個人で解決しないといけない。国や公共的な「公助・共助」ももちろんありますが、それにすべては頼れないという、当たり前のことを言っているわけです。

ですから、今、競争社会で「産官学民」でいろいろとやっていこうと考えているわけですが、「産官学民」がみんな同じ立場で「産」「官」「学」「民」があるのではなくて、「民」の周りを「産官学」が囲むような、そんな形じゃないとうまくいきません。

これは、正しく「民」の話ですよ。尊厳を守られて暮らす「生活支援」と「安らかに旅立つこと」、ここには医療が必要です。ですから健康管理も含めて、暮らしのなかの医療はもちろん大事ですが、地域包括ケアシステムを考えていくうえで、生活支援と医療支援は両方とも同じように重要になってくるわけです。

地域包括ケアシステムを創った老健局が何というかわかりませんが、結局、カルチャーを変えないといけない。ですから、在宅医療を推進させるという一つの大きな目的と同時に、地域づくりを進めていかないと、カルチャーは変わらないと私は思っています。

家で死ねる町、死ねない町

図8は、「病院でなく自宅で最期を迎える割合に地域差」という、「読売新聞」の二月六日の記事です。これは具体的に市町村名が出たので問題になったんですが、看取り率に十二倍の格差があるということなんです。

		人口 20 万人以上	
上位	1	横須賀市（神奈川）	35.4%
	2	加古川市（兵庫）	32.4%
	3	浜松市	30.9%
…		…	…
下位	3	鹿児島市	13.3%
	2	北九州市	12.3%
	1	豊田市（愛知）	11.6%

		人口3万人以上20万人未満	
上位	1	豊岡市（兵庫）	43.5%
	2	米原市（滋賀）	41.8%
	3	葉山町（神奈川）	40.9%
…		…	…
下位	3	久慈市（岩手）	7.4%
	2	篠栗町（福岡）	7.3%
	1	岡垣町（福岡）	3.3%

図８　自宅や介護施設で亡くなる人の割合
（「読売新聞」2017 年 2 月 6 日）

三・三％から四三・五％、一一・六％から三五・四％。この差を皆さんがどのように受け止めるかです。というのは、医療・介護というのは社会保障の一部ですから。皆さんは健康保険料を払っているわけです。介護保険も医療保険も払っている。そして、調査をすれば国民の二人に一人は「家で死にたい」と言っているわけです。ところが、実際にそれが叶えられる町と叶えられにくい町が存在しているわけです。

　これはいったい誰の責任なんだということになると思います。つまり、「誰の責任であるか」と責任をなすりつけるわけではないけれども、自分の町の問題ですから基礎自治体、行政がしっかりしないとダメです。私に言わせれば、これは行政の課題です。

　豊岡（兵庫県）ではとても頑張ってますよ。この間、豊岡の市長と医師会長が一緒に講演をしていましたけど、二人は仲が良いですよ。ですから医師会長と市長が一緒にその気になれば、在宅医療、地域包括ケアシステムって進むんですね。

　図９は私どものささやかな研究所（医療法人アスムス　コミュニティー・ケア研究所）で作成したものですが、全国を見ると一七四一基礎自治体があって、在宅で看取られる地域が濃い色で、看取られない地域が白です。こうして見ると本当に一目瞭然ですね。中部、近畿、この辺は在宅の看取り率が高い地域です。色の濃い地域に住めば、家で死ねる可能性が高い。白い地域に

住んでいる人は、可能性が低いということになります。

コミュニティ

今日、皆さんにお配りした資料のなかに冊子（図10）が入っています。勇美記念財団で助成金をもらって作りましたが、ここに地域包括ケアシステムのつくり方として、「なぜ地域包括ケアシステムなのか」というWHYと「地域包括ケアシステムとは何か」というWHATと、「どうやって地域包括ケアシステムをつくるのか」というHOWとが書いてあります。

そのなかに地域をつくる、「地域の力を知るための〈7つの視点〉」というのがあって、在宅医療、入院医療、在宅介護、地域連携、コミュニティ、市区町村行政、利用者意識という七つの領域のそれぞれの課題を分析しているんですが、要するに在宅医療をやる先生がいる、病院の先生が在宅医療のことを理解している、在宅で生活を

$$在宅看取り率 = \frac{生活の場での死亡数}{総死亡数}$$

平　均	18.12%
標準偏差	8.03%
レンジ	68.75%

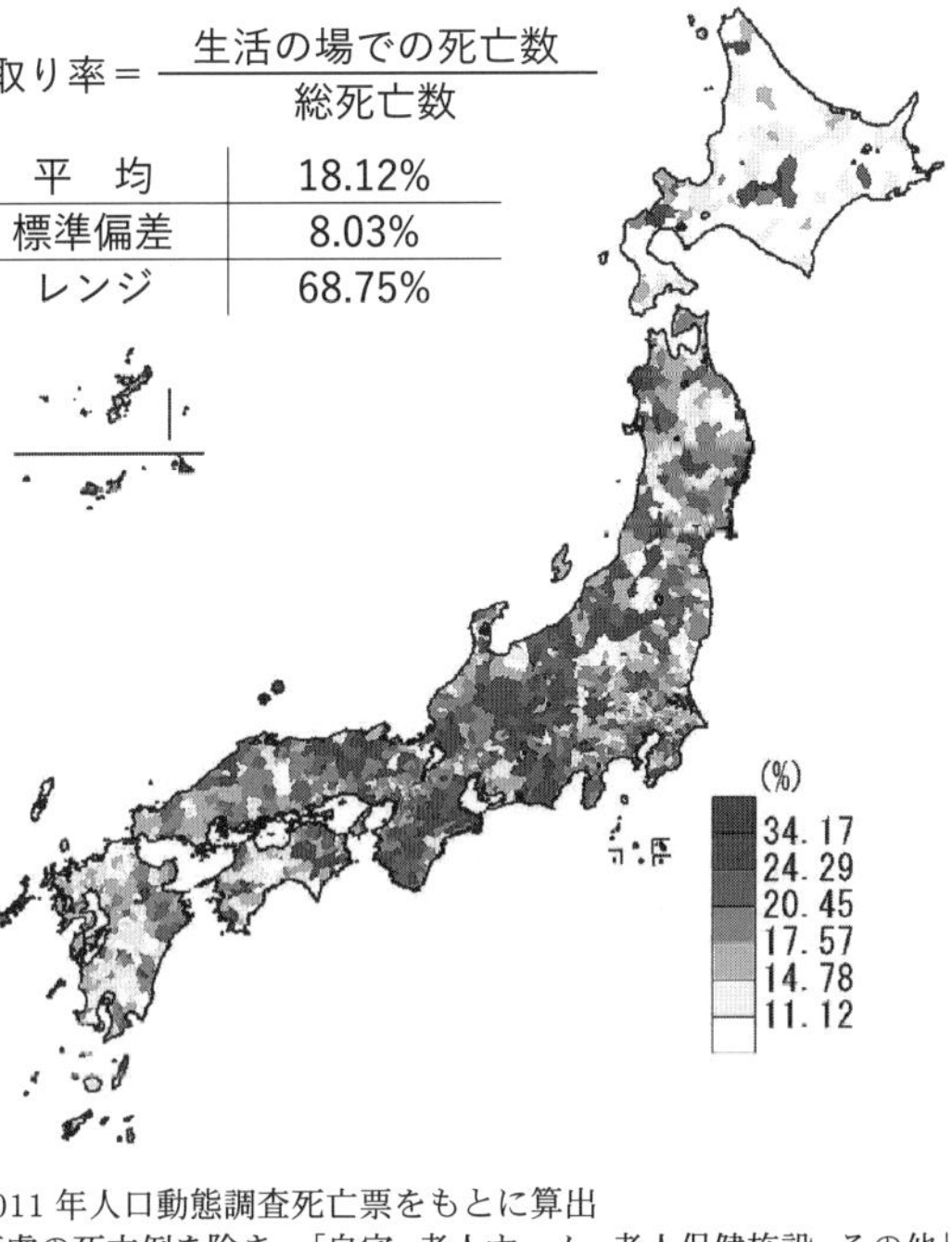

2011年人口動態調査死亡票をもとに算出
不慮の死亡例を除き、「自宅・老人ホーム・老人保健施設・その他」での死亡数を総死亡数で割ったもの

図9　在宅看取り率のプロット（市区町村別）

支える介護がしっかりしている、これらがみんな有機的に連携する、ということが書いてあるんですが、ここまでは当たり前のことですよね。

この下にコミュニティというのがあります。これは、そもそもその地域にコミュニティがあるかということです。コミュニティとは、そこに住んでいる住民が喜怒《きど》哀楽《あいらく》を共有できるかということですね。この町で楽しいことがあったらみんなで喜べるか。悲しい事件が起きたら、みんなで悲しめるかということです。

私は、世田谷にも事業所があるんですが、世田谷区民は世田谷区民が悲しい事件に巻き込まれたら、区民が全員悲しく思うか、例えばオリンピックの選手が生まれたらみんなで喜べるかというと、そんなふうではないんですね。

ところが私が住んでいる栃木県小山市は、金メダリストが出ると駅に垂れ幕がかかるんです。隣の町に行くと、向井千秋さんという宇宙飛行士が出たというだけで、向井千秋記念館が出来て大変な騒ぎです。でも、そういう

地域の力を知るための「7つの視点」
在宅医療
在宅で最期まで医療支援・療養支援を提供できる医療体制
・在宅医療を行う診療所はどれくらいあるか
・在宅療養支援診療所の届出はなされているか
・どれくらいの人が在宅で看取られているか
・歯科医師や薬剤師は在宅医療に理解があるか
・24 時間対応できる訪問看護ステーションがどれくらいあるか など
入院医療
退院後の生活まで見据えた入院医療体制
・地域の病院の平均在院日数は短いか、長いか
・地域連携室は十分機能しているか
・在宅医療を支える機能（地域包括ケア病棟など）を持つ病院はあるか
・リハビリテーション支援体制は充実しているか など
地域連携
構築されている専門職・組織団体内外のネットワーク、つながり
・地域ケアの多職種ネットワークがあるか
・ケアにかかわる組織や団体間の連携ができているか
・ボランティア団体などインフォーマルなケアサービスがあるか など
在宅介護
生活を専門的に支える社会資源
・訪問介護・通所介護など専門職による介護サービスが充実しているか
・居宅介護支援事業所は在宅介護を継続させるための視点を持っているか
・介護付高齢者住宅は適正に整備されているか など
地域の力を知るための『7つの視点』
コミュニティ
地域住民の支え合う力、つながり、絆
・そもそも住民同士が支え合う地域性があるか
・伝統的なお祭りが受け継がれているか
・地域の行事で住民が協力し合う風土があるか など
市区町村行政
介護保険者として、公益的・非営利的活動主体としての行政
地域包括ケアシステムを構築するという覚悟が、管理職と現場職員、双方にあるか
利用者意識
在宅医療に対する理解・意識
・地域住民が在宅療養・在宅介護に関して知識を持ち、信頼して選択しているか など

図 10　冊子「私たちの街で最期まで」

ことは世田谷区では起きませんよ。ですが、お祭りがあったり、郷土色が守られたりするコミュニティってすごく大きな力なんです。

それから、当たり前ですが、行政が本気でやるか。あとは、利用者の意識です。これは在宅医療を信頼して選ぶか、在宅医療なんて信頼できないと思うかです。この七つの視点で地域を見てほしいということです。

在宅医療はまちづくり

ここまでをまとめると、平均寿命と健康寿命が乖離していて、フレイルから要介護状態を経て寿命を迎える。日本では今まで、困ったら病院に行ったわけですから、この虚弱な要介護高齢者を支えるケアのシステムはあまり機能していなかった。だけど、フレイルを病院が解決してくれるかというと、そうではない。病院は解決できないけれども、病院に救急車で送れば目の前から困った人がいなくなって、その場は解決する。だけどその後、さらに大きな問題を抱えて戻ってくることになれば、さらに困るんです。だから、これから地域包括ケアシステムなんです。「住み慣れた町で最期まで」を具現化して、人としての尊厳を守る医療と、口から食べることの文化的意義を見直して国民みんなで共有しないといけません。

回復の望みが乏しい状況での入院加療、人工栄養の妥当性についてはもっともっと議論する必要があります。皆さんが望めば人工栄養をする、でも望まないのであればしない。口から食べることもなく生きているということは、誰かに排泄の世話をしてもらうということです。ただ栄養だけを入れられて生かされる。栄養管理をどこで誰が行うのかは、これからの大きな課題になると思います。

国民の大部分は自然の死を望んでいて、過剰な医療介入がなければ、安らかに旅立つわけです。

そういった文化を変えるには医療が変わらないとダメです。そして、同時に介護が変わると医療・介護の需要も大きく変わります。つまり、人工栄養がなくなったら、三大介護と言われている食事と排泄の介護が変わるんです。感謝の気持ちを伝えて愛する人に囲まれて旅立っていいじゃないですか。それが、人工栄養になると、最期の最期まで生きているわけです。意識がなくなっても栄養を送られると生きているわけです。当然、介護職はそれを介護しなきゃいけないわけで、やりがいをそこに見出せといわれても、想いは複雑ではないかと私は思います。

ですから、「在宅医療の推進というのは、日本の医療改革そのものである」と、辻哲夫さん（元厚生事務次官）が言いましたね。まちが変われば日本が変わるということになります。

「生活の場」で看取る

看取りの話をします。暮らしの場で、通院困難者に対して専門職が訪問して、患者・家族の希望を汲んで提供する全人的・包括的医療、望まれれば、看取りも支える医療、これが在宅医療です。

このポイントは一つ、「生活の場」という言葉です。これは、自宅で行うのが在宅医療ではなく、生活の場で行うということです。病院医療でも希望は汲みますが、在宅医療における患者・家族の希望を汲むということは、もっと生き様や人生観をしっかりと汲んで提供するということです。

そして、看取る。主役は訪問看護師で、我々医者の役割は、判断と指示と責任ということになります。在宅医療には外来の延長もありえます。入院から退院の在宅医療です。良い状態で長く生活して、看取りまでいく場合もありますが、熱が出たり、骨折したりして病院に入って、軽快したら退院してまた在宅というコースもあります。病院に戻って、残念ながらそこで亡くなるということもあるわけです。

在宅医療の質の向上

肺炎になったり骨折したりすると病院に行くのが当たり前という社会ですが、在宅でも治療できるんだという在宅医療の質を皆さんに見てもらおうと思います。

□酸　素（図11）

昔はボンベの中に酸素が入っていましたが、お家で酸素の治療が簡単にできるようになりました。今はこの器械を置けば、酸素の治療ができます。

□人工呼吸器（図12）

これは人工呼吸器です。人工呼吸器というのは、一般的には非常に重度の、ＩＣＵのような場面で使われる器械と思われているようですが、こうして暮らしの中にあると、家電製品のような……そうは見えないかもしれませんが、カーテンがあったり、カレンダーがかかっていたりして、なんとなく無機質な所にある冷たいものという感じではないですね。メンテナンスフリーですから、人工呼吸器も自宅で使えます。

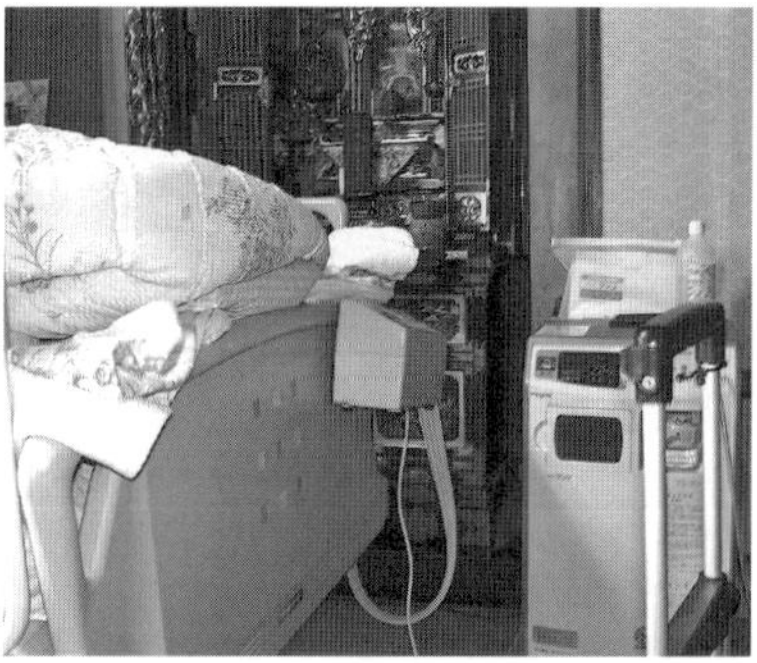

図 11　在宅酸素

図 12　人工呼吸器

□点　滴

在宅で行う点滴ですが、点滴は漏れると痛い、だけどオランダ製の皮下脂肪のなかに入れる点滴があるんです。そうすると漏れない。こういう治療は安全です。点滴で急激に血管の中に水が入ると、心臓が悪い人なんかは心不全を起こしますからね。だけど、この点滴だと、そんなに厳密に管理しなくても、ラクダの瘤のように水を入れておくと、必要なときにこれを使って麻酔をしてくれます。

□レントゲン（図13）

在宅でレントゲンを撮れます。これぐらいの解像度がいいので、すぐ診断できます……これは誤嚥性肺炎ですね。このおじいちゃんは、この顔を見ればわかりますけど、「ワシは死んでも病院に行かん」という顔です。こういう人は、別に病院に行かなくてもいいんです。「死んでも家にいたい」と言うのでしたら、お家で治療することを考えてあげればいいと、みんなで対応しているわけですね。ちゃんと治るんです。

昨日の夜、東京大学で研究というかリサーチの集いがあって、そこで桜美林大学の鈴木隆雄教授が、家で治療した肺炎と病院で治療した肺炎と比べて、家で治療した肺炎はＡＤＬ（Activities of Daily Living＝日常生活動作）の低下もなければ認知症の増悪もなく、治療成績も遙かによかったということを発表

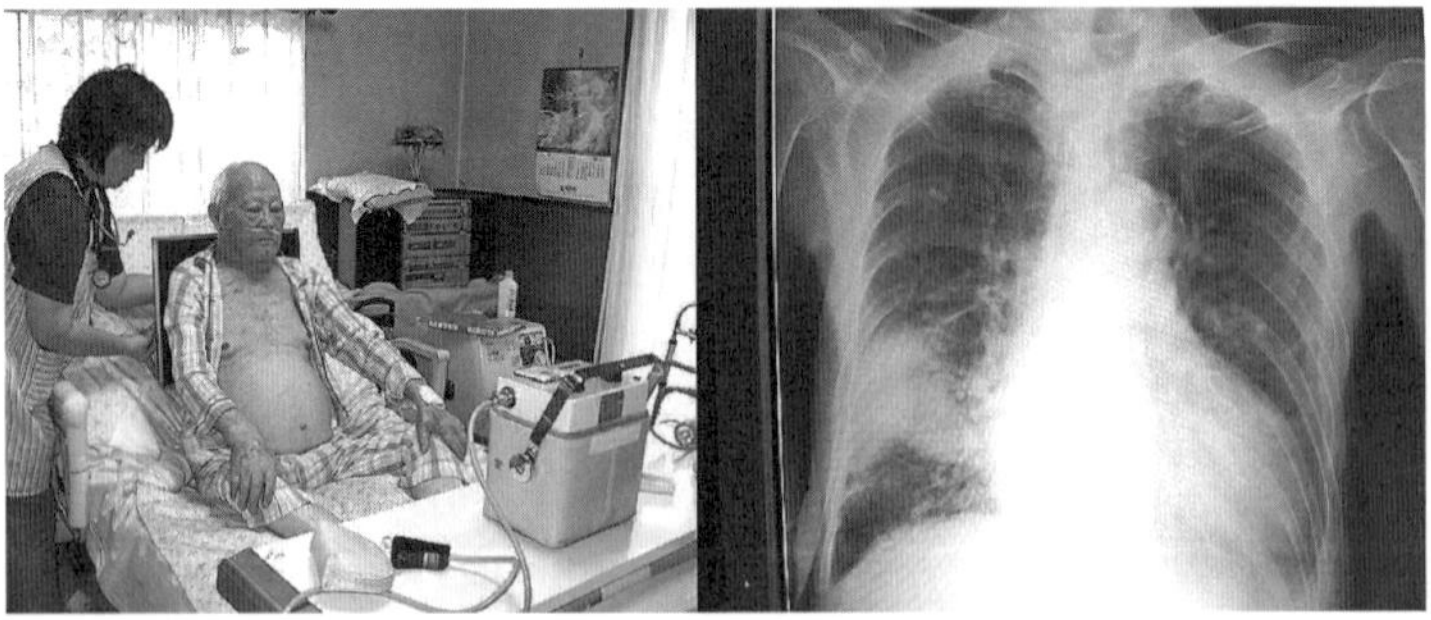

図13　レントゲン

してくださいました。家で治療する方法があることを知ってほしいと思います。

□骨　折（図14）

これは、骨折です。「骨が折れたら病院に行くのは当たり前だ」と言われますが、病院に行って寝ているだけなら、家で寝ていたほうがいいです。当たり前ですよね。ここが折れていますが、こういう認知症がある人が病院に行くと、その日から暴れたりして大変ですけど、お家でギプスを巻いておけば大丈夫なんです。ギプスを巻いておけば骨はつくんです。

でも、こういうことをすると社会は冷たいですよね、「太田先生、リハビリはどうするんですか」なんて嫌みなことを言うんです。そんなとき私は、「リハビリというのはね、君ね、骨が折れる前にやるんだ」って言うんですよ。造設した胃ろうのカテーテルの交換なんかも在宅でできます。

□エコー（図15）

これは在宅での画像診断ですが、エコーも家でできます。このおじいちゃんは胆嚢炎ですね、しょっちゅう起こすんですけど。胆嚢炎を起こすと入院だろうと言われますが、お家で抗生物質を使って治せます。

□おできの切除

私は外科の医者なので、こんなこともできるということでお話しします。

脊髄小脳変性症といって、ほとんど寝たきりで、病院に連れて行くのがなか

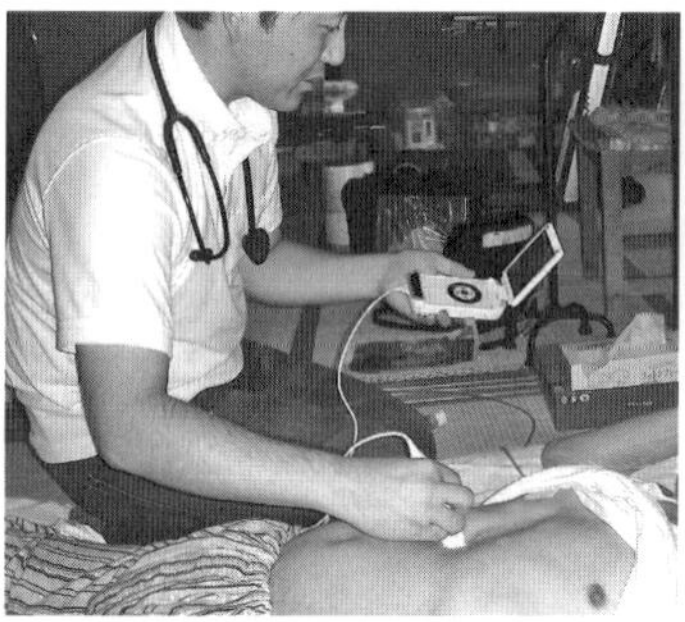

図15　エコー

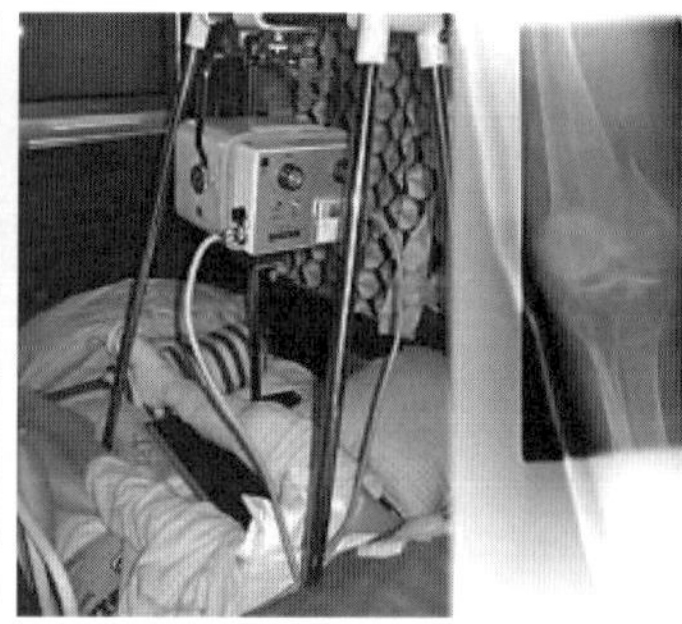

図14　骨　折

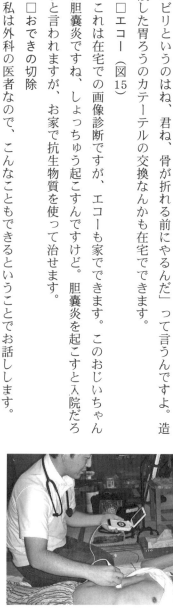

なか大変な子の背中に、アテロームというおできができてしまった。「これはほっといても大丈夫ですよ」と言うんですが、お母さんは心配して「取って」と言うわけです。だから取ります。私は上手ですから、ちょっと麻酔して、取って縫います。ただ問題は、老眼で目が見えない（会場笑）。

在宅だからこそ

ホスピスケア

それから、これはホスピスケアです。亡くなるちょっと前にお誕生日を祝うという、こんな場面はなかなか病院ではないですね。彼は子ども達や奥さんに生き様を伝えて亡くなっていきました（図16）。

彼が亡くなった後、奥さんはヘルパーになって、私のところで働いています。娘さんたちは医療系の大学に進んでいるということです。お父さんを介護した経験が活きていますね。

ビールとタバコ

このおじいちゃんは肝臓がんですね。かなり進行していて末期ですが。薬がちょっと溜まっています。だけどタバコを吸っているんですね（図17）。こっ

図 16　誕生日会を家族揃って

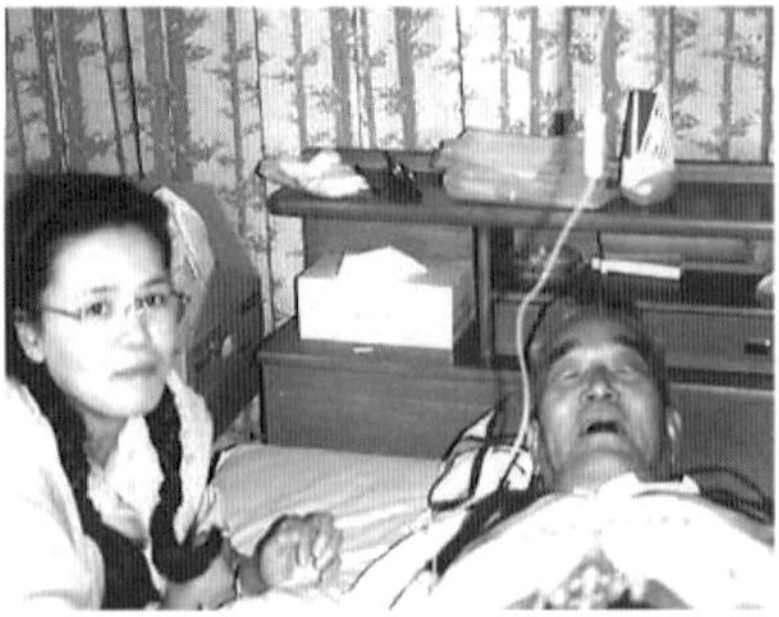

図 17　末期がん。でも、枕元の棚に灰皿

そりビールを飲むと、うちに「点滴をしてくれ」って電話がかかってくるんです。アミノレバンという点滴は、アンモニアが上がるのを抑えるんですが、このおじいちゃんは、お酒を飲むとアンモニアが上がることを知ってるんです。だから、逆に患者さんのほうから指示があるという。

おじいちゃんの愛情

田舎ですから、こういう状況は多くあるのですが、おじいちゃんとおばあちゃんの二人暮らしで、おばあちゃんがそろそろ危ないだろうということで、病院から連れて帰ってきました。ところが、おじいちゃんにものすごく愛情がある。愛情があるというのはすごいんですよ。毎日丁寧に観るから、ちょっとした身体の変化にすぐ気付く。そうすると、看護師以上の観察力が身につくんです。

ちょっと熱が出ると電話をしてきます。そこで看護師が行って、「おしっこが濁っているからね、これはおしっこにばい菌がついたからですよ」と言うと、おじいちゃんがそれを学ぶわけです。ばい菌がついたときは抗生物質だと。「そう言えば太田先生からもらった薬があるから投与しとこう」と勝手に飲ませる。そうすると治るわけですよ。

「おしっこが出て、きれいなんだけど、なんか熱が出てるね」と、また電話をしてきて、看護師が行って、「これは脱水ですよ。もうちょっと水をあげてください」と言うと、おじいちゃんが学習して「尿量が減少したので水を多くしときました」とだんだん看護師のようになるんですよ。たまに僕が行って、「今日は浮腫《むく》んでるから、利尿剤でも投与しましょう」と言うと、おじいちゃんが「いや、今日は見合わせましょう」と。どっちが医者なのかわからない。

ところがおじいちゃんは、おばあちゃんが逝ったあとはもういけません。その後、すぐ亡くなりました。おじいちゃんを一生懸命見たおばあちゃんは、おじいちゃんが逝くとしばらくはダメですけど、メキメキ元気になる。

ネコ

これはネコと一緒に暮らしているおじいちゃんで、十七年間、僕が診たんですが、おばあちゃんが骨折して入院したのでウチの施設で預かったんです。そうしたら入った日からダメでした。それで亡くなりました。

要するに、お年寄りは環境が変わるといけないんです。この写真（図18）ですが、病室のベッドの上にネコがいたら、病院では事件ですよね。家では普通。この間、沖縄県立中部病院の高山義浩先生に話を聞いたところ、彼も在宅をしていますが、患者さんのベッドの上でネコがお産したと言うんですね。病院のベッドでネコがお産したら、新聞に載りますよ。

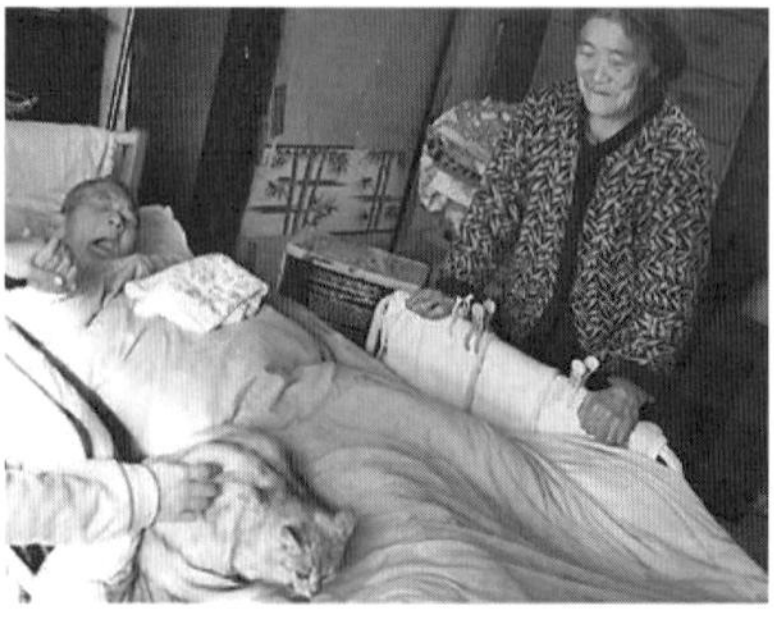

図18　ネコといっしょに

このおじちゃんは、曲がった口で「タマ、タマ」って言うんですよ。ネコは呼ぶと来るものなのかと思ったら、おばあちゃんがタマさんだった（笑）。

在宅医療はオーケストラ

在宅診療に関わる多職種の専門家（図19・20・21）

訪問看護は大事です。今はテレメディスン（遠隔医療）といって、画像を送ってきますから、すぐ治療が始まります。歯医者さんも来てくれます。歯医者さんが来ると、肺炎なんかならないです。これはがんの末期に「スイカを食べたい」と言って、歯医者さんが来てくれたときの写真です。この笑顔すごくいいでしょう。「俺は幸せだ」って言ってこの人は亡くなっていったんです。みんなが一生懸命やってくれてスイカも食べられた。そういう最期ですね。リハビリもしましたね。薬剤師も来てくれます。大事なんですよ。お薬に関すること、看護師

図 19　スイカを食べて「俺は幸せだ」
（三木歯科医院提供）

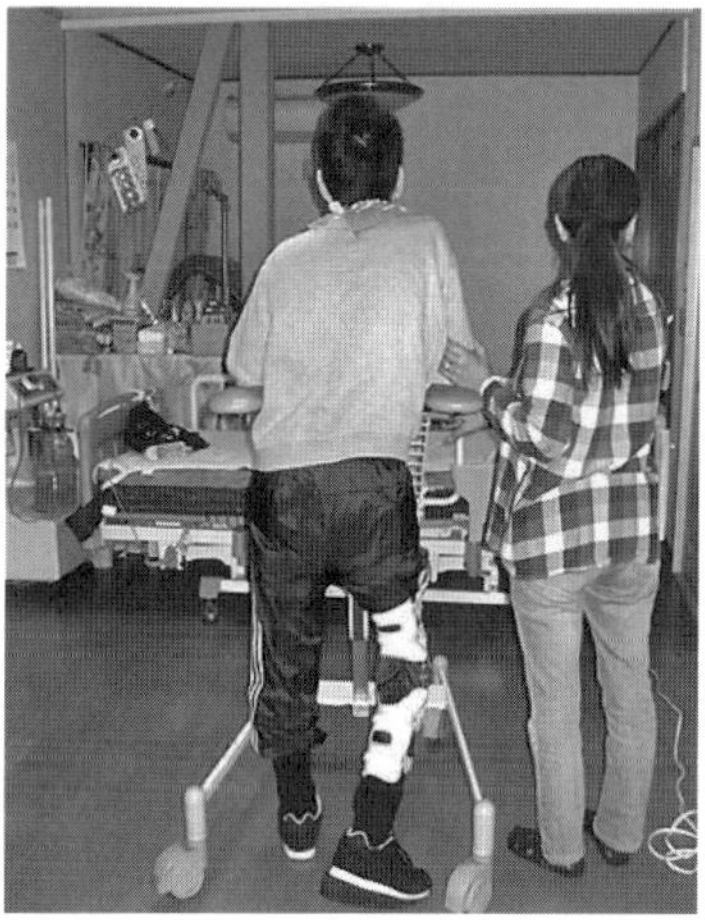

図 20　訪問リハビリ

図 21　訪問薬剤師

さんが結構やっしますからね、薬剤師が入ると楽です。何日も風呂に入れないまま寝ている人もいました。だから、この人に必要なのは医療ではなく、生活支援なんです。お風呂に入れてあげる、おいしいものを食べさせてあげる。そういうふうにして、最期にいい人生だったと思って送ってあげることはとても大事なんです。

行政、専門職、市民のそれぞれの役割

在宅医療はチームプレイがとても大事だと言われています。オーケストラに譬えると、コンダクターは医者でもケアマネジャーでもいいんです。彼らの技量とチームワークも必要なんですが、こうしてみんなで美しい音楽を奏でるには、やはりいいスコアがないといけません。

スコアを書いてくれるのは行政です。行政はオーディエンスのためにスコアを書くのであって、プレイヤーのためにスコアを書いているのではないし、プレイヤーはスコアを書いてくれたコンポーザーのために演奏しているのではなくて、オーディエンスのために演奏しているのです。

ここが大事です。これが地域包括ケアを理解していくうえで非常に重要なんですが、行政と我々専門職と市民、この三者が感動を共有するような状況にならない限り、地域包括ケアシステムに魂は入りません。

地域包括ケアシステムを主導しているのは行政で、我々はサービスを提供するだけです。仕組みをつくっているのは行政なんです。我々は専門性で仕事をしていて、行政は社会通念や法律や制度で仕事をしている。これが拠りどころです。だから、いいことをしていても「それはルール違反だ」と、しばしば対立します。だけど、とにかくこれからの時代は、行政と我々専門職、特に医師会、医者、そして市民。この三者がそれぞれ役割を果た

すということが、大変重要になってくると思います。

まちづくりの実践

多職種が医師と看護師だけだったころ

私は一応医者ですが、今、社会活動を一生懸命にやっています。なぜ社会活動をしているかというと、市民の意識が変わらないと在宅医療が進まないと思ったからです。私は熱心にやっていますけれども、市民が選んでくれなければ、どんなによいサービスを提供しても在宅医療は広まらない。

今から二十二年前、「NPO法人在宅ケアを支える診療所全国ネットワーク」というところで副会長をやっていた頃、ある種のムーブメントですが、栃木でも在宅ケアを進めるようなフォーラムをしようということで始めたときの新聞記事です。

ちょっと笑っちゃいますよね、「より良い在宅ケア目指す　医師、看護婦らが意見交換」。来ているのは、医師と看護師ですよ。このときの多職種とは、医者と看護師です。最初は行政も来なければ歯科医も来ない。ところが、だんだんだんだんこういうのが大きくなっていくんですね。

H.8.7.8
下野新聞
より良い在宅ケア目指す
医師、看護婦らが意見交換
自治医大で報告とシンポ

図 22　在宅ケアを進めるためのフォーラム
（「下野新聞」1996 年 7 月 8 日）

地域が変わる

二〇一一年、茨城県で、歯科医の三木次郎先生がリーダーになって、地域ケア向上へ向けての多職種で研究会を設立しました。これは私が仕掛けて、彼が騙されたんですけれども。こういうことをやると地域が変わります。これは二カ月に一回開催しますが、結城市では、ものすごく多職種連携が進みました。

ほかにも「蔵の街コミュニティケア研究会」というのがあって、「蔵の街」とは栃木市のことです。これは二〇〇〇年四月に八人で、私は医者として、多職種のコミュニティケア研究会をやりました。これも二カ月に一回開いていますが、ほとんど飲み会です。でも、こうして飲んでるうちにみんな仲良くなって、栃木市は栃木県で一番在宅看取り率が高い地域になりました。二〇％以上看取っています。地域は変わったんじゃないかなと思いますね。

蔵の街・栃木市というのは、蔵があって保守的な町で、栃木を愛する人たちがいっぱい住んでいます。そういうところでは、やっぱり自分たちの町をよくしようということで市民が団結しやすいですよね。

地域ケア向上へ連携

医療や福祉　多職種で研究会設立

結城

結城市の医療や福祉の環境を向上させようと、市内の歯科医や介護福祉などの関係者が「地域ケア研究会」を設立した。分野ごとのサービスをネットワーク化し、患者本位の上質な地域ケアの実現を目指す。県内では先駆的な取り組みという。発足後初めてとなる勉強会が8月24日、市内で開かれ、食べることが不自由な患者への地域支援を学んだ。

地域ケア研究会の第1回勉強会であいさつする三木次郎代表＝結城市国府町

参加対象者は、歯科医師、医師、歯科衛生士、訪問看護師、薬剤師、管理栄養士、社会福祉士、介護福祉士など幅広い。市地域包括支援センターなど行政と連携。「食・嚥下」をテーマに、在宅で終末期まで支えられる地域ケア力の醸成を目指す。会費は無料。関係者であれば、だれでも参加できる。

勉強会には約180人が参加。同会代表の同市の歯科医、三木次郎氏が「在宅療養は重要課題。多職種間の信頼感がより強まれば、地域ケア力が向上できる」とあいさつし、連携を呼び掛けた。

高齢化が進む中、こうした地域包括ケア推進が近年、注目されている。医療法人アスムス（栃木県小山市）の太田秀樹理事長は「医療や介護が『単品』のサービスでは不十分。多職種がチームで支援できれば、患者や家族の大きなメリットとなる」と話す。

勉強会では、千葉県の歯科医で全国在宅歯科医療口腔ケア連絡会事務局長の大石善也氏が「地域力で支える食支援ケア～摂食嚥下障害の基礎知識と多職種地域アプローチ」と題して講演。最後まで口で食べることをいかに連携して支援できるかを学んだ。勉強会は当面、毎月1回予定している。

（松田拓朗）

図 23　歯科医がリーダーになって地域ケアを進める（茨城新聞　2011 年 9 月 1 日）

病院と県を巻き込む

今年（二〇一八年）の十月二十九日にもフォーラムをしました。これは私が仕掛けたんですが、病院を巻き込まなければいけないとつくづく思っています。私は市民に向けてメッセージを発したんですが、病院の医師が変わらないと在宅医療は進みません。病院の医療の質が変わらないとダメなんですね。

それで、D医科大学でやったんです。僕は自治医大で、自治医大は地域医療が看板にあがっているので理解があるんですが、ここはまだまだこれからなんですね。ですから、ここで医師会の理事と歯科医師会の医師とD医科大学の教授を入れて、ステーションの会長を入れて、薬剤師の会長を入れて実行委員会をつくりました。こういう手法をとると、地域連携が非常にしやすくなるんですね。やっぱりトップがやる気になってもらわないとうまくいきません。

現場ではいい関係があるんです。一生懸命ケアする看護師さんには、一生懸命在宅医療をする医師がついていることが多いですよね。そこにはしっかりとしたケアマネもいて、現場での連携は比較的進みました。ところが、団体と団体となるとまだこれからです。

大学の病院長に挨拶してもらう。県の医師会長に来てもらう。そして、県の福祉部長、こういう要職に就く人に来てもらう。医師会長に挨拶をしてもらわなければダメなんです。それから、石飛幸三さん（医師、著書に『「平穏死」のすすめ』〈講談社文庫、二〇一三年〉がある）にも来てもらって、さっきのネコがお産した話の高山先生に来てもらって話してもらう。その後、私もシンポジウムに参加しました。

今回のハイライトは管理栄養士です。私の個人的な三段跳びの論法ですが、地域包括ケアは「最期まで食べること」です。「あぁ、うまいものを食べたな」と言って死ねるというのは尊厳です。つまり、「食」です。栄養管理というような科学的な視点ではなくて、食文化という文化的な視点で「食」をとらえる、それはすごく大事です。つまり、日本人はみんな最期までうまいものを食べて死ねれば、地域包括ケアシステムはもしかしたら完成かもしれない、それくらい極端なことを思っています。

在宅医療の推進というのは、地域包括ケアシステムの構築です。つまりまちづくりです。今、お話ししたように在宅医療の質というのは、病院医療とほとんど遜色ありません。医療機器が発達して、薬が開発されて、介護保険サービスがあって、地域ケアネットワークも整備された。地域のケア力が向上しました。そして、情報ネットワークについてもクラウドコンピューティングで情報を一元的に管理できるし、スマートフォンを使えば遠隔医療・テレメディスンもできる時代になったんです。時代が変わりました。

文化が変わることがまちづくり

上位概念として、暮らしが大事です。食支援は重要で、私はこれから「食」だなあと思っています。しばらく「食」の仕事をしていこうと思っています。

生活の場で看取りまで支える、地域の文化が変わるということです。カルチャーが変わるということがまちづくりだと思いますし、最善の医療の結果として、安らかな死があると思っています。

これはデンマークの保険庁で手に入れた絵（扉絵・三一ページ）ですが、これを見て、生まれてから人生の階段を昇って、この時期にどんな医療が必要なのかと考えたいのです。これ、一人で寂しく死んでいますけど、ちゃんと天使が迎えに来てますよ。男と女、ずいぶん人生が違いますけど。私も今、ここですね。

ご静聴ありがとうございました。

受取人払郵便

早良局
承　認
1321

差出有効期限
令和２年６月
29日まで
（切手不要）

郵便はがき

8 1 4 8 7 9 0

福岡市早良区西新７丁目
1-58-207

木星舎 行

購入申込欄

本書の追加ご購入は，このはがきで直接小社にご注文ください。郵便振替用紙を同封の上，お送りいたします。

介護と環境 空間のもつ力 自分を取り戻す場所	冊

通 信 欄

本書に対するご意見・ご感想などお聞かせください。今後の参考にさせていただきます。

■ ご住所

TEL （　　　）

■ ご氏名

■ お買い上げ書店名

■ ご意見・ご感想

ありがとうございました

空間のもつ力

マギーズという環境

秋山 正子
マギーズ東京センター長、ケアーズ白十字訪問看護ステーション統括所長

日本にマギーズセンターをつくりたい

みなさん、こんにちは。

「空間のもつ力」というテーマをいただきましたので、そこを中心にしながらお話をさせていただきます。

私はがん患者の家族として看護師の道を進み、そしてまた別の家族の看取りを通して在宅にシフトをし、訪問看護の道をずっと歩いてきて、特に在宅ホスピスを頑張ってやってきました。そうすると、がん医療の様子がだんだん変わってきて、あまりに短い形での在宅看取りがだんだん多くなってきて、こんなことでいいんだろうかと感じるようになりました。

マギーズケアリングセンターとの出会い――「遠い外国のいい話」で終わらせない

確かにギリギリまでお元気で過ごすことはいいことですが、よくよく聞いてみると、その間、外来に家族三人がかりで仕事を休んで連れて行っていたとか、行ってもなかなかじっくり相談できる状態ではないとかすごくつらい思いをしておられる。もう少し在宅につながる手前のところで、相談を受けられる仕組みはないだろうかと。特に、長くなる外来期間、誰がどう支えるのかがすごく問題だと思っているところに、私は国際がん看護セミナーに参加して、「マギーズセンター」という動きがイギリスで起こっているということを知りました。

そのとき聴いていた人は一〇〇人を超えていたと思うんですが、あとで感想を聞くと、「それはとてもすごい話だけど遠い外国の話で、いいなと思っただけだった」と。「まさか、ここから本気でそれに取り組む人が現われるなんて」と、今一緒にやってくださっているがん研有明病院の副看護部長の濱口恵子さんは「えっ、まさか」と思ったそうです。

でも、マギーズセンターは単なる仕組みではなくて、建物、建築にかなり特徴がある。これは建築関係の人も巻き込むというか、一緒に行って見てもらわないと難しい。それで、自分たちで調べたいと思って、英国に行ってみました。そして、ますますこれはつくりたいと思いました。その一年後には、マギーズセンターのコンセプトについて、ローラさん（マギーズの現ＣＥＯ＝最高責任者）を呼ぶ手はずを整えたりもしています。

マギーズセンターが素敵だなと思ったのは、相談支援の新しい形だけではなくて、創設者であり患者でもあるマギーさん、つまり、がんの当事者である方が相談をした相手が看護師だったんです。この看護師と心理士を中心に動いているというところも、とても魅力的に感じたわけです。

「暮らしの保健室」をオープン

それで、いろんなところで「マギーズセンターというのがあって、すごくいいのよ。マギーズセンターをつくりたい。どうやったらできるかしらね」と、あちこちでつぶやき続けます。だけどすぐにはできるわけがない。でも、たまたまチャンスが巡ってきました。新宿区の戸山ハイツで本屋さんをやっていた方が、その場所を安く貸してくれるという話が舞い込んできました。私は、夢と思っていたマギーズセンターを、なんとか形にしたい。でも、マギーズセンターはすぐにはできないので、学校に保健室があるように、町の中に大人が行ける保健室があればいいなと、「よろず相談所なんです」というスタンスで、「暮らしの保健室」をオープンすることになりました。二〇一一年七月のことです。

マギーズセンター・スワンジー

マギーズセンター・エディンバラ

内部の改修は、マギーズセンターを本気で見に行ってくれた建築家の浦口醇二さんが設計をしてくださいました。私はマギーズと似たような環境にしてほしいと言って、考えていただいたんです。

マギーズケアリングセンターの二つの柱

マギーズケアリングセンターの二つの柱は、環境と建築というハードの部分と、ヒューマンサポートという、中で相談支援を受けるソフトな部分と、二つが相まって、これが完成されていく、というところです。

環境と建築

第一号はエディンバラセンターで、凍結を防止する塩小屋だった建物が売店になっていて、その使わなくなった場所を改修して建て、増築された部分を足して一九九六年に建っています。

これは二〇一一年に建ったウェールズにあるサウスウェストウェールズのスワンジーにあるマギーズセンターです。これは黒川紀章さんのデザインです。

こんなふうに建築デザインは自由なんですね。だけど中のものや規模などについては次のような基準があって、全マギーズセンターでこの基準は満たさな

マギーズセンターの建築概要

・自然光が入って明るい
・安全な（中）庭がある
・空間はオープンである
・スタッフルームからすべて見える
・オープンキッチンがある
・セラピー用の個室がある
・暖炉がある、水槽がある
・一人になれるトイレがある
・280㎡（84 坪）程度・建築デザインは自由

出展・チャールズ・ジェンクス

いといけないことになっています。

自然光が入って明るい。安全な庭がある。空間はオープンである。スタッフルームからすべて見える。オープンキッチンがある。セラピー用の個室がある。暖炉がある。水槽がある。これに関してだけ、マギーズ東京には暖炉はありません。水槽もありませんが、外に運河が流れていて水面《みなも》が見えるという環境です。

そして二八〇平米。これはイギリスの一般家庭の大きさと同じだといわれています。「病院と家の中間にある第二の我が家」というコンセプトの元で、お家と同じくらいの大きさということですが、マンチェスターに新しくできたものはこれの二倍くらいあります。少しずつ大規模化していったり、それぞれの地域に合わせて、少し小さめのものが用意されたりしています。

ヒューマンサポート

もう一方は、ヒューマンサポートです。建物を建てればいいというのではなく、必ずその中に、人がちゃんと用意されている。マギーズを訪れる人が必要とする限り、予約なしに立ち寄ることができる。この「予約の必要がない」というのが大原則です。

そしてサービスはすべて無料で提供される。チャリティで行っています。なぜかと言えば、患者さんにはがんの医療に関するさまざまな経済的負担が結構ありますし、それから闘病中で仕事を休職しているとか、仕事を辞めてしまったとか、そういうことがありますので無料で提供される。

そして、経験豊富な専門の医療従事者が常駐し、安心のサポートを用意するということです。看護師・保健師・心理士が中心ですが、主たる部分は、看護職が担っているところが多いです。

中身は、実は特別なことをしているわけではないんですが、でもそれが特別です。まず一人ひとりに寄り添います。心が落ち着き、受け入れることができる場でそっと寄り添い、話に耳を傾ける。そして対等な立場で、友だちのように寄り添い傾聴する。医学的知識をもった友人のように聴く、ということを原則としています。この「医学的知識をもった友人のように」というのは、実をいうととても難しいことなんですね。

そしてその先には、自分らしさをエンパワーメントする、自分らしさを取り戻す。ここがとても大事です。先ほど稲葉先生が（「患者の意思決定を支援する」一ページ）、意思決定するときに、そのための情報が医師からきちんと説明をされていなかったら意思決定できない。医師からきちんと説明を引き出す、それを支援することが大事だという話をされましたが、私はまさにそういうことをマギーズはしているのかなと思いました。つまり、患者が自分で自分の主治医に対して、「わからない」というようなことを言える「患者力」を身につけることが、ある意味マギーズの使命かもしれません。

暮らしの保健室玄関

暮らしの保健室を開いた戸山ハイツ

「暮らしの保健室」

マギーズセンターのコンセプトをもとに

こういうことを聞きながら、でもすぐにはできなかったので、「暮らしの保健室」を二〇一一年にオープンしました。オープンした場所は都営戸山ハイツの商店街の一画。国立国際医療センターや東京女子医科大学病院があるその真ん中にあります。ここには六千人が暮らし、高齢化率五三・六％、独居が四割です。新宿区全体の人口が三十三万、高齢化率が一九・九％、五人に一人が高齢者ですが、ここは二人に一人が高齢者で一人暮らしが多いという地域です。そこに写真のように、おしゃれなお店のようにして開きました。ここからの写真は藤井浩司さん（ナカサアンドパートナーズ）というプロの写真家が撮ってくれた外観です。

これは最初のときですので、物が置いてなくてとてもきれいなんですが、大きなテーブルがあって木の椅子があります。これはマギーズに共通します。そして個室にできる相談コーナーがある。すっきりしていますよね。こんなふうに小上がりがあって、和風のテイストのランプシェードですね。

ここに引き戸が二つあって、入っていくと、こちら側にキッチンがあって、

暮らしの保健室室内

相談コーナー。引き戸を閉めると個室になる

暮らしの保健室の中央の部屋。大きな木のテーブルと椅子

玄関（左）をはさんで、奥が個室、手前がキッチンと大きなテーブル

小上がり

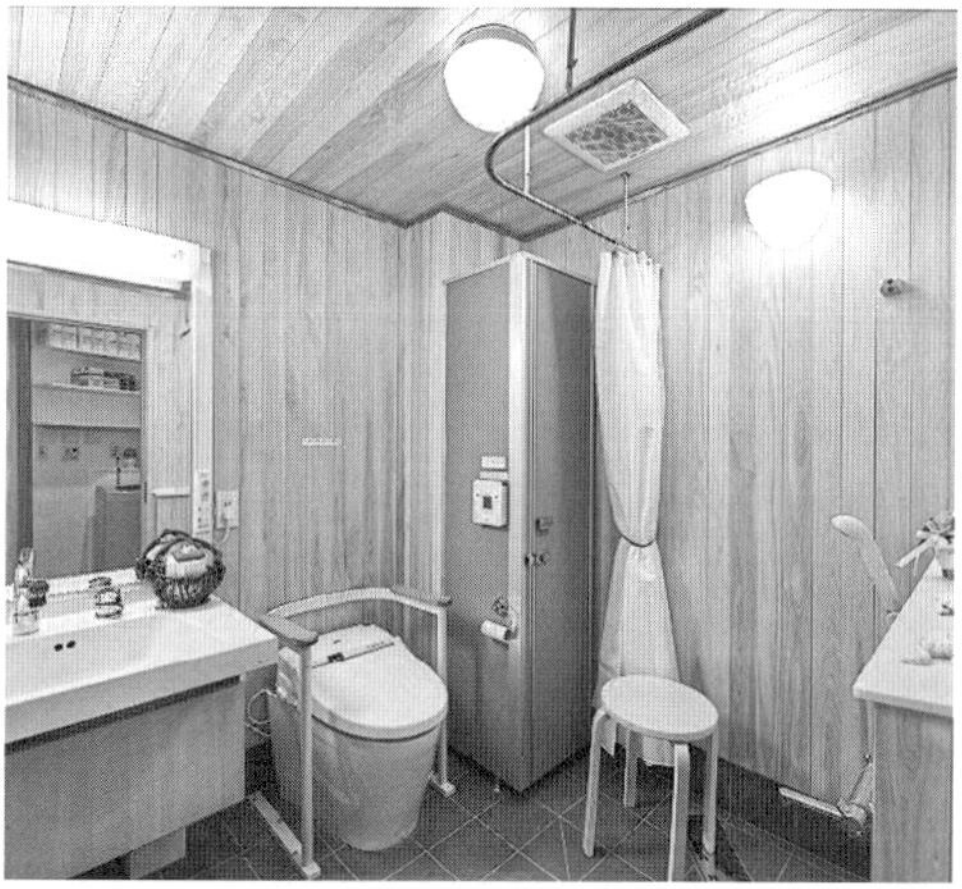

「一人になれる」トイレ

奥に先ほどの個室があって、事務スペースがあって、こちら側に大きなテーブルがある。そういう環境です。つまり、こういう空間を演出する、つまり空間をちゃんと整えるということが、やっぱりとっても心が落ち着いて、心が開きやすくなるということです。

そして、トイレは「とくに気をつけて」と言っています。「一人になれるトイレがある」というのがマギーズのコンセプトですから、「暮らしの保健室」もトイレをちゃんとしようよと言ったら、入ってくれた工務店の大工さんが、それならそんなに高価にならないからと壁と天井をヒノキにして、そしてこの銅を殺菌の意味で付けてくださって、車椅子用ではありませんけれども車椅子が回転できるだけの広さはある、そういうスペースになっています。

地域づくりとして

「暮らしの保健室」は最初は相談窓口でした。もう一つは在宅医療連携拠点事業を受託していましたので、医療や介護や福祉の連携の場となり、そして在宅にいる方々の病気予防の語りの場にもなり、馴染みの顔と過ごす居場所に発展していきます。そこでは地域ボランティアが活動・活躍する場になり、利用者さんだった方、相談者だった方たちがボランティアに変わっていくというか、そういう場です。それから大学とコラボレーションしていますので、世代を超える交流の場になったり、様々な顔をもちながら展開していきました。

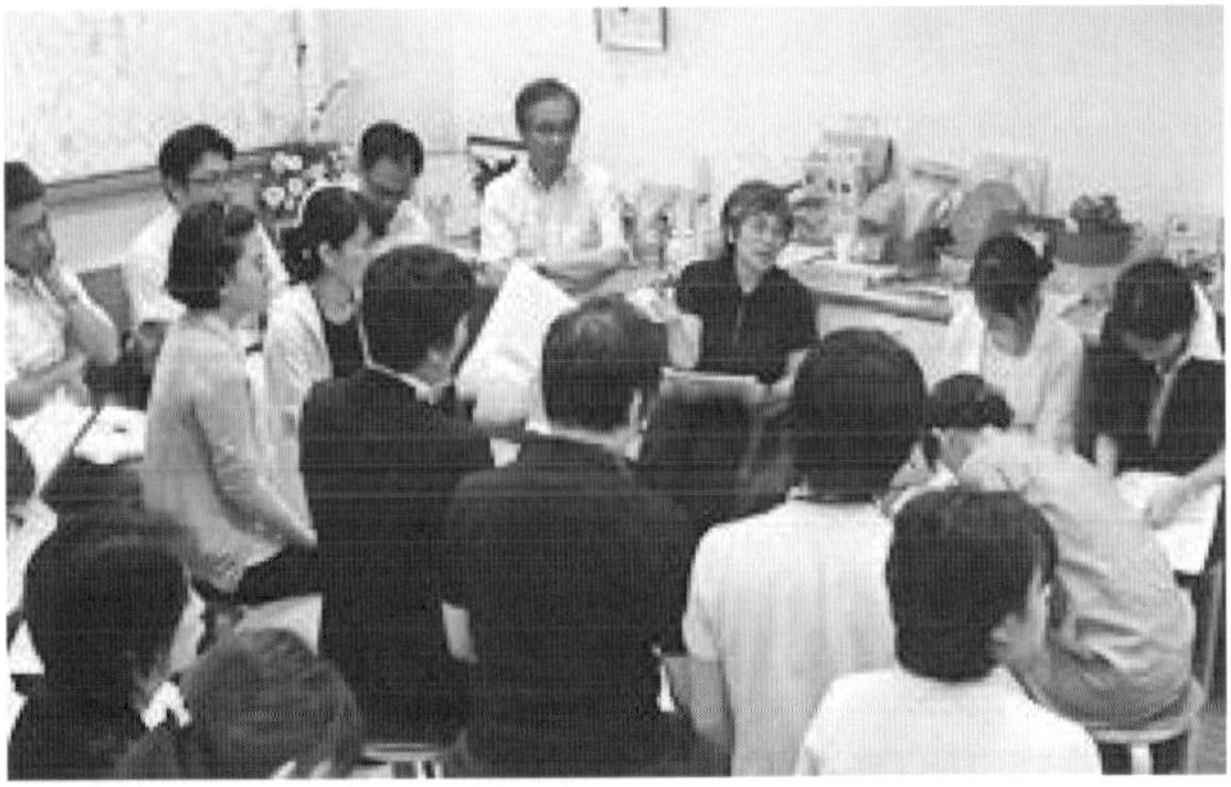

訪問看護師、在宅医、地域医療連携室職員、病院医師、病院看護師、薬剤師、歯科医師、ケアマネジャー、デイサービス担当者、地域包括支援センター職員など地域の在宅を担う人が集い、月１回事例検討を行う場にもなっている

結果、この「暮らしの保健室」は二〇一七年度グッドデザイン特別賞の地域づくり部門を受賞しました。それは決して一カ所だけの「暮らしの保健室」がもらったのではなくて、今、全国に五十カ所近くに増えている、その運動そのものに地域づくりとしての意味があるということで、いただいたのではないかと思っています。

こんなふうに地域のなかで在宅を担う方たちが集いながら事例検討をしていますし、みんなで集まって話したり、レクチャーしたり、ケア会議をしたり、地域の小学校のラジオ体操の場に出て行って熱中症の予防講座をしたり、さまざまな取り組みをしています。ボランティアさんが手芸をしていたり、子どもたちが来たり。それから、このピンクのTシャツを着た人たち、東京家政大学の学生さんですが、一緒に近くのシニア活動館まで出て行って地域の方たちとの交流をしたりしています。

全国に拡がる「暮らしの保健室」

マギーズセンターの一周年記念の第二号「HUG《ハグ》」という雑誌に「暮らしの保健室」の地図が載っています。

つまり、見学に来られて、「これはいいから自分の地域でしたい」という方たちがこれだけ増えてきている。例えば、宮崎の「かあさんの家」の事務局に「暮らしの保健室」を併設したり、神戸なごみの家の町内に「暮らしの保健室」を開いたりと、結構、ホームホスピスの活動と重なりつつあります。自分たちの町に空いている家があるとか、空いているスペースがあるとか、そういうところを利用し、ちょっと工夫をしながら全国展開しているところです。

マギーズ東京設立準備スタッフ

今、マギーズセンターには全国からたくさんの方が相談に見えますが、他県の相談に応じるときに、「地元にはこういうところがありますよ」「がんに特化はしていないように見えるけれど、がん相談もきっと受けてくれると思いますよ」とご紹介しています。この会場にも、「暮らしの保健室」を開いている方がいらっしゃると思いますが、よろしくお願いします。

「マギーズ東京」設立に向けて

鈴木美穂さんとともに

事業助成がだんだん少なくなっていくなかで、「暮らしの保健室」をある意味では粘り強く、なんとか運営しながらやってきたときに、日本テレビの記者の鈴木美穂さんという方と出会いました。彼女は二十四歳のときに乳がんになって、九カ月間の休職を経て治療を続けながら仕事復帰をされ、若いがん患者の情報誌「STAND UP!!」を創刊したり、積極的な活動

マギー・ケズウィック・ジェンクスさん

を続けていました。この方から、「暮らしの保健室」を取材したいと申込みがあり、二〇一四年四月に取材に来られました。ただ、その取材の中身よりも彼女自身の闘病の話を二時間をかけて聴きました。彼女はこの年の三月に国際がん患者の集いに参加して、自分が考えていることの理想型がマギーズセンターにあることを知って検索すると、日本のマギーズセンターに関する全ての記事に秋山正子という名前が出てくる。「この人に会わないと自分が思っていることが先に進まない」ということで来られたんです。それで日テレのニュース「news every」に「暮らしの保健室」をの映像が出るとともに、その中に「マギーズセンターをベースにしてこの『暮らしの保健室』をつくりました」という言葉がちゃんと入っている映像をつくって流してくれました。

秋山と鈴木の出会いでマギーズ東京の準備が加速していきますが、その準備も「暮らしの保健室」を使ってやっていました。私はやっぱりマギーズが急に生まれたのではなくて、二〇〇八年に私がマギーズと最初に出会ったそこからのつながりもですが、「暮らしの保健室」という場を実際にみなさんに見ていただき、こういう環境を整えるということにどういう意味があるのかを体感していただいた、その結果が今のマギーズ東京センターにつながっているかなと思います。地道に、地域のなかでこうやって相談窓口を開いていくということがとても大事なことだなとつくづく感じているところです。

意思決定に寄り添う

では、「マギーさんの願い」ということで、これから素敵なスライドが流れます。

マギー・ジェンクスさんは「自分を取り戻す居場所が欲しい」と思われました。それまで乳がんの治療を受けていましたが、再発・転移がわかったときに、胃にパンチを受けたようになった。頭が真っ白になった。けれども「次の患者が待っているから廊下に行きましょう」と言われたそうです。彼女は自身の著書（『最前線からの眺め』）に書いていますけど、「自分できちんとものを考え、自分でちゃんと答えを出したい」。まさに自助でもあり、それこそ自己決定とか、意思決定のはっきりした方なわけです。造園家で、お子さんが二人いらして、ご主人はチャールズ・ジェンクスさんという世界的に著名な建築評論家です。

すごく活躍しているそういう方でも一患者となったときに、やっぱり聞かされた内容が重たかったら頭が真っ白になるし、もうちょっと質問したり、やりとりしたいと思ったけれども、その時間がない。たとえ治療がなくても、自分で食事やサプリメントなどできることは挑戦したいし、適切な情報を選び取れる、信頼できる案内人が欲しい。病人ではなく一人の人間に戻れる小さな家庭的な居場所。つまり、再発・転移し、「もう先がない、治療がありません」という、そういう死の恐怖のなかでも、生きる喜びを再発見できる場をと、強く思ったわけですね。

それで、これはマギーさんと直接関係ないのですが、先ほど稲葉先生の

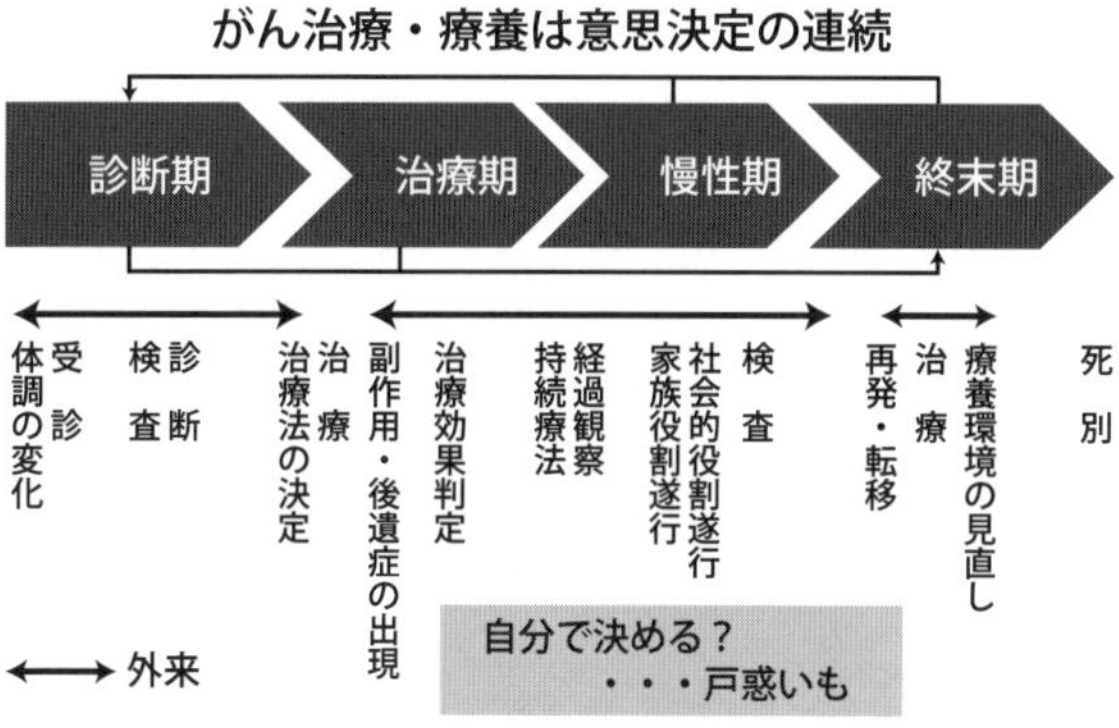

花出正美：「がん看護ビジュアルナーシング」28, 学研 ,2015　一部改正

日本にもマギーズセンターが必要な3つの理由

・在院日数の短縮・外来治療やフォローの増加
→医療者等との接点や相談のチャンスが限られる

・「入院期間が短い・外来治療」＝「簡単な治療というイメージをもたれやすいが……
→実際は複雑な治療が外来で行われ、療養サポートが必要

・がん治療がひと段落する頃の来訪が多い
→今後どのような人生を過ごすのか、実存的な悩み

講演で「意思決定を支えていく。それを私たちそばにいる者が本当にできているか。本人の意思を聞いているのか」ということなんですが、今のがん治療は、外来で常にこの意思決定の連続を強いられます。そして自分で決めることに戸惑いがある。医師が決めるのではなくて、医師が情報提供をし、それを決めていくことを、強いられるわけではないけれども、それに答えを出していかないといけない。そうじゃないと前に進めないわけです。

そのときにガイド役、寄り添ってくれる人がいない、聴いてくれる人がいないというのが、今の難しい現状かなと思います。

日本にマギーズセンターが必要な三つの理由

日本にもこのマギーズセンターが必要な三つの理由は、在院日数が短縮化して、外来での診断・治療の増加、医療者との接点や相談のチャンスが限られるということです。入院期間が短い、外来治療、最初の診断がかなり重たい状態にもかかわらず、最初から入院ではなく、外来の検査や治療から始まることが多々あります。簡単な治療というイメージをもたれやすいのですが、実際は複雑な治療が外来で行われるので、療養サポートが必要になります。医療者との接点は非常に少なく、病院のなかに相談支援センターはあるけれどもなかなかそこにたどり着けない。最初のときの検査、診断、治療とひとしきり走った後、一段落したときに、そこでハタと立ち止まり、これでよかったんだろうか、この先どうなるんだろうかという思いや悩みを抱えてこられる方が多いという現状です。

「マギーズ東京」がスタート

二十番目のマギーズセンター

このような経過のなかで、クラウドファンディングにチャレンジをしたり、お金集めをしたりしながら、さまざまなことをみんなでがんばりました。そして昨年（二〇一六年）の十月十日、マギーズ東京はマギーさんのお誕生日十月十日に、英国本国と合わせて二十番目にオープンしています。ただし、二〇二〇年までのパイロットプロジェクトなので、土地の問題等々は未だあるんですけれども、これでスタートしました。

そのときの写真です。塩崎厚労大臣、ここはエディンバラセンター長のアンドリューです。ここは英国大使館一等書記官です。山﨑江東区長さん。そのときの日本看護協会会長の坂本すがさん、三井不動産の社長さんです。そういう方と一緒に鈴木と並びました。若い着物を着てどうしたのと言われましたが……（会場笑）。

場所は、本当に周りにたくさんの病院がある真ん中にあります。たまたま借りられた土地がこういう所だった。がん研有明病院、ここは日本で最もがんの外来患者数の多い病院と言われています。それから国立がん

2016年10月10日、マギーズ東京開設式

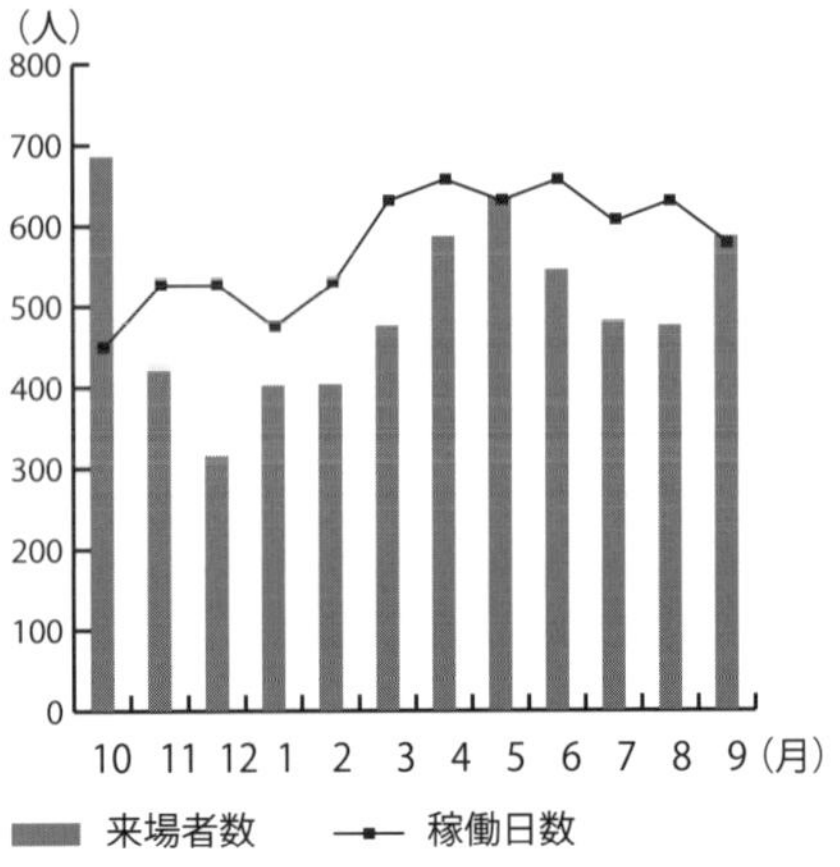

マギーズ東京の年間来場者数

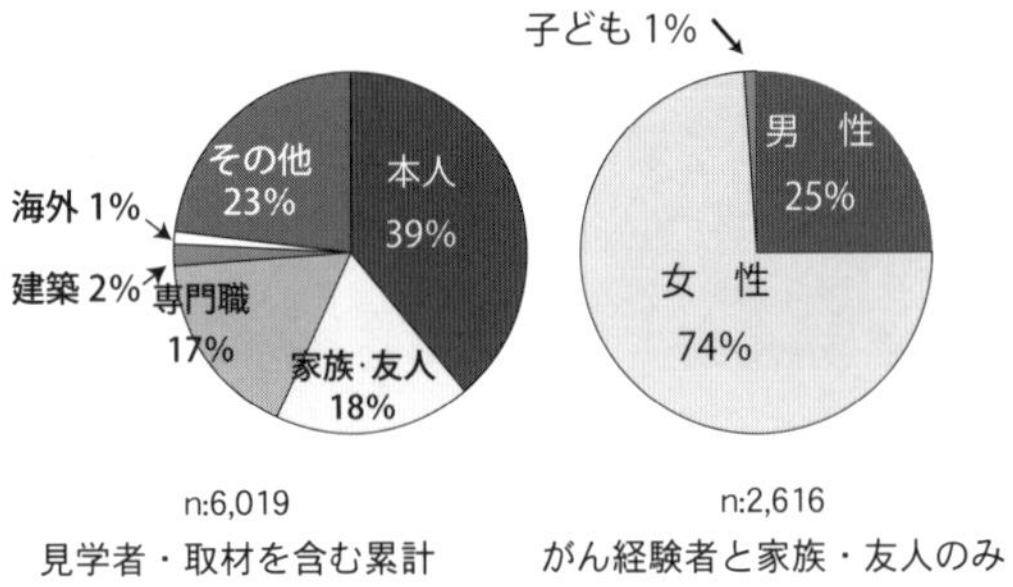

対象期間：2016 年 10 月 11 日～ 2017 年 9 月 30 日

マギーズ東京の相談者・来場者の内訳

研究センター中央病院、聖路加国際病院、虎ノ門病院、新橋に行きますと慈恵医大。ここは不便な土地かと思いきや、様々なルートからたくさんの方が来られています。

　なんと初めの年に六千人が来られました。見学も含めてですが、最初の日のオープニングフェスタを除いて一年間に六〇一九人の方が来られています。私たちは本当にニーズの多さを感じているところです。

　そしてこれは、二〇一六年の一年間、二〇一六年十月十一日から二〇一七年九月三十日までの間の、来られた方、それからがん患者さんと家族・友人のみにするとこれだけですけど、男女の比。子どもさんも来られます。本人が四割を占める、こういう形です。

病院と家の中間にある第二の我が家・・ハード面として

屋内はどうかというと、環境は木をふんだんに使っておりまして、このテーブルは樹齢三百年のアフリカンチェリーという木の一枚板を、木場の材木屋さんが丁寧に磨いて製材をし、そして寄付をしてくださいました。この一枚板を支えるのに、二脚の組み木工法で作られた脚があります。その脚は上がアフリカンチェリー、下がアメリカンチェリーという、同じきめの細かいチェリー材で、竹中工務店の棟梁が「久しぶりにこの組み木の工法で作ったよ」とほとんど材料費のみで作ってくださったもので、二脚置いてあります。

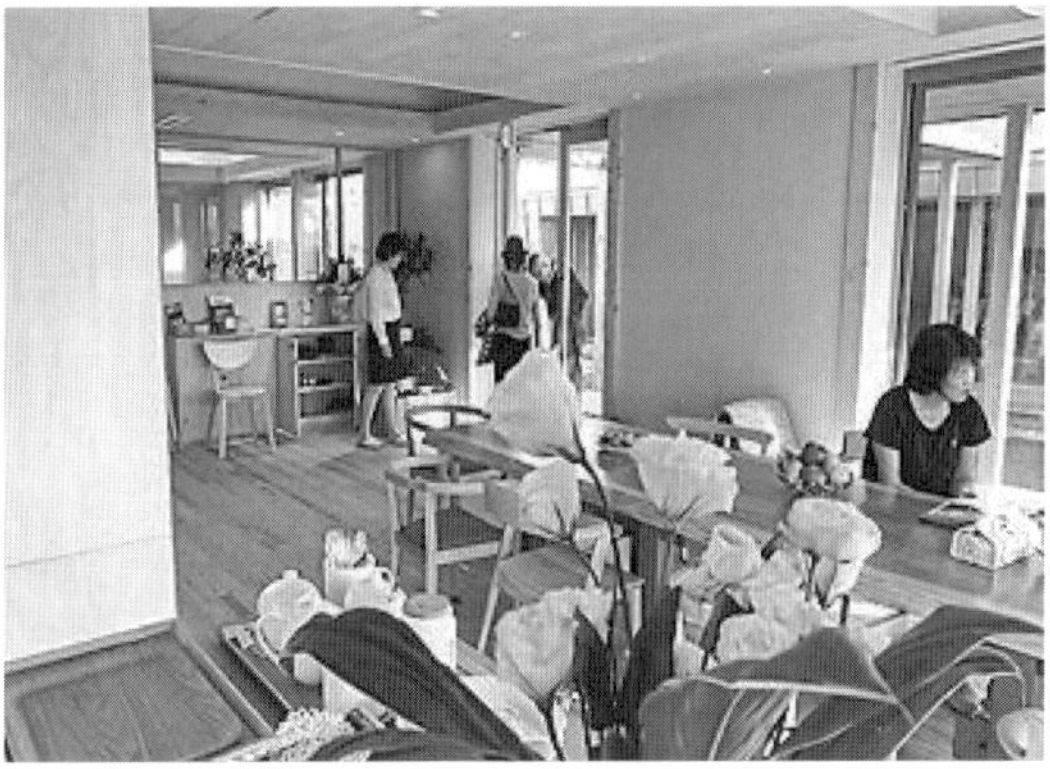
木をふんだんに使ったマギーズ屋内

それからこっちには、柳宗理デザイン事務所からの和紙のランプシェード、そしてここに木のコート掛けですね。こういうたくさんの方からの善意の物が、しかも大抵が木材ですね。そういうものが備わっているという環境になっています。

こんなふうに「病院と家の中間にある第二の我が家」で、決してパーテーションで区切って個室にして鍵をかけてということではありません。オープンなスペースです。ここでは、「がんである」ということを隠さずに話すことができ、そしてゆったりと話が聴ける。

私たち相談にあたる者も沈黙が怖くない空間です。病院の中の限られた時間だと、沈黙というのは時計の針がカチカチ聞こえるかのように焦りますが、ここは沈黙が怖くない空間です。一緒に同じ風景を見ていて、それだけでも心が癒やされます。そしてそのうち「実はねえ」とか、

来場者の話をゆったりと聴く

「今日は見学のつもりで来たんですけどね、実はこんなことがあります」というようなことをポツポツと話し出されて、ご本人のライフヒストリーというか、病気になる前から抱えていたことを含めて話されるということがあります。

病院と家の中間にあるということ・・ソフト面として

そして、病院と家の中間にあるということの大事さです。

病院の中にももちろん相談支援センターがあります。相談をしてそこでうまくいったこともあるし、逆にマギーズセンターに相談に来られても改めて病院に行って相談支援センターの中で解決してもらったほうがいいよということもあります。病院と家の中間にあって、お互いに双方向で補完をし合いながら、しかもご本人は家まで帰っていません。

それは、病院で話せないと思っている内容だったり、「家族が本当に心配してくれるけど自分はもう治療はいいと思ってる」とか、逆に「家族は別の方向を向いているけど自分は新しい治療を探したい」とか、いろいろと家族でも意見が違ったり。それから、いろんな意味での人間関係の悩みだったり、就労の問題だったり、患者会に入ってリーダー格をしているけれども会では話し合いにくいことだったり。また、先ほどのように治療が終わって次の治療までの間があって、こういうときにふっと「咳が続くけれど肺に転移したんじゃないか」という心配で来られたり。そして、「これまで治療を頑張って受けてきたけど、いったいこれからの人生どんなになるんだろう」とか、それぞれが新たな人生を模索し続けている。

そういうことが、病院と家の中間にあるところで、肩の荷を下ろすようにしっかりと話を聴いてもらえる場があるということは、それこそ意思決定ができる状態に自分をある意味で整えるというか。建築家の阿部勤先生がここに関わってくださっていますが、「心の調律ができる空間はいいね」とおっしゃいました。木が醸し出すこうした環境が、その人の心の調律ができる、というふうに言ってくださっています。

この週末、昨日はオープンマギーズでした。本館と分館で、ここに講義形式のものが設えられます。それからマギーズ流サポートの入門編の研修がこんなふうに外と中を使いながら、六月・九月と今度一月に行われます。

それからこれはすべてチャリティで行われますので、こういうチャリティ・ランに常勤ナースの木村が参加して走ったり、応援団としての鈴木が参加するなどということもあります。

ヒューマンサポートは、「医療知識のある友人のように」と先ほども申し上げましたが、看護師・心理士・保健師が主ですけれども今は栄養士が週に半日だけ来ています。専門職ではないボランティアが活動していて、来訪者に履物を替えていただくとか、お茶を出したりとか、案内するボランティアがいます。それから下支えは様々なマネジメントも必要なので、たくさんの方が協力してくださっています。

マギーズを訪れる人

マギーズセンターの国際ネットワークの一員として

そしてマギーズとして活動するには、国際ネットワークの一員とならないと難しいので、建築概要に沿って建物を準備をし、センター長は複数のマギーズで四週間の研修を受けてきました。

センター・ヘッドと呼ばれるセンター長の指名はイギリス本部が行います。私は、太田先生の話じゃないですけど介護保険の一号の被保険者の年齢になっておりますので、若手の方にぜひ行っていただきたいと思ったのですが、センター・ヘッドの指名は「正子が来るんだったら」と言われて、私としては逃げるわけにはいかないので、オープン前に二週間、オープン後に二週間、重松さんの通訳や、アメリカでずっと活躍されていた心理士の栗原幸江さんなど英語の堪能な方に囲まれて研修を受けて、国際ネットワークの一員として調印してきました。あとは、次へ続く人をちゃんと育てていかないといけないかなというところですが、今はまだ走り出したばかりです。

マギーズの国際ネットワークは、イギリス全土、プラス香港、バルセロナ、ノルウェー、オランダ。オーストラリアは「インスパイアド　バイ　マギーズ」といってマギーズに影響を受けた形ですね。ヨーロッパ、あと英国文化圏を中心にして広がっています。

マギーさんの笑顔

それぞれのマギーズセンターへの思い

ここからは、今年一周年のときにアンドリュー・アンダーソンが来て写真をたくさん出してくださいましたので、それを見ていただいて、そのあと動画を映します。

これがマギーさんです。本当に笑顔の素敵な方ですねえ。

これはイギリスのマギーズのホームページを重松さんが訳してくださったものです。

「がんはあなたが集中しなければならないことを明らかにしてくれます。人生において何に価値があるかを学びます」

「家族としては、マギーズに行ってもらったことは、私たちがこれまでにしたことのなかで最も素晴らしいことの一つでした」

行って相談をしてくれたことが家族にとって嬉しいという、そういう表現です。

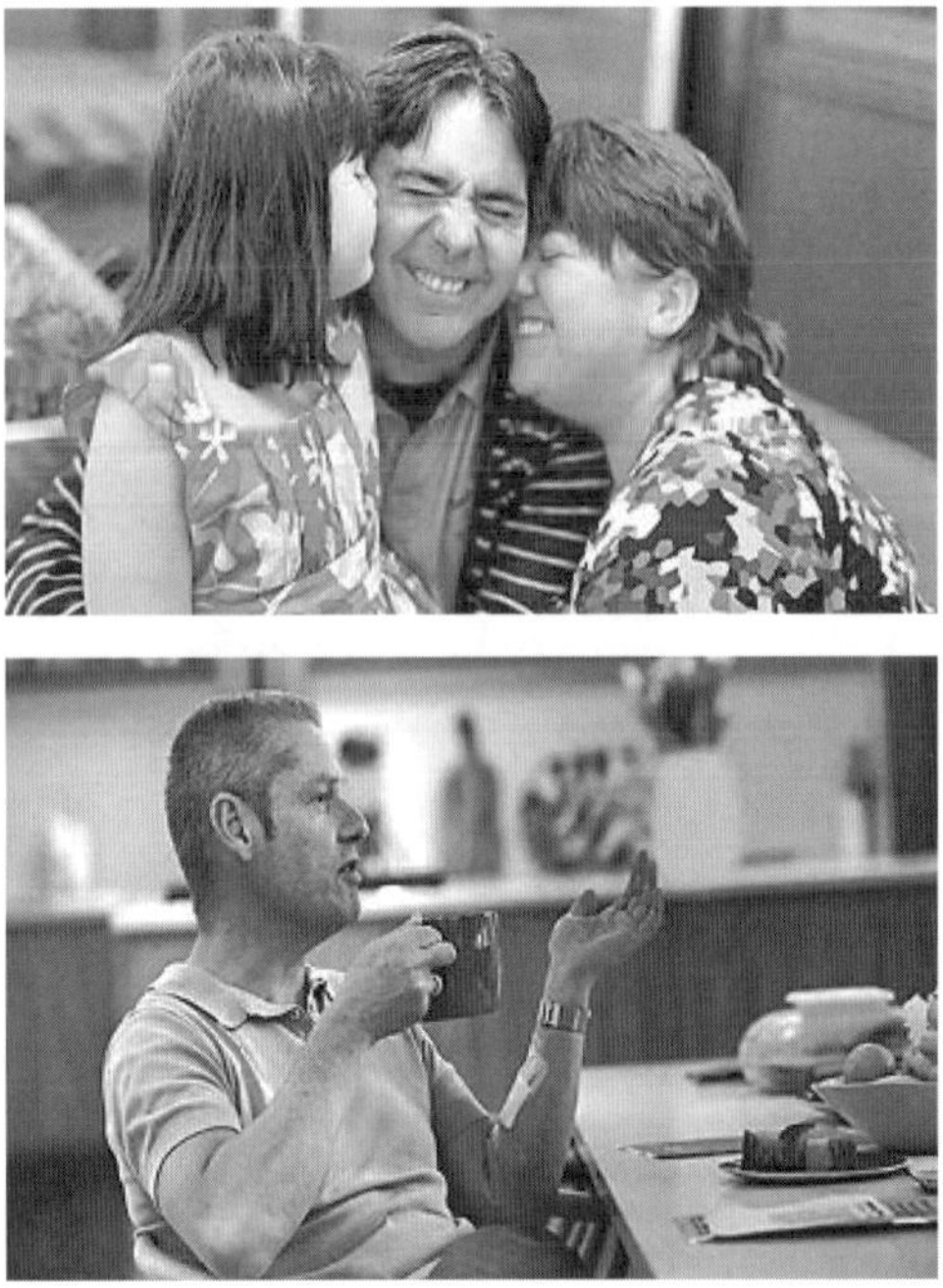

マギーズについて語るイギリスの利用者

そして、マギーズの環境は、複雑な問題でも話しやすくしてくれます。これは環境が、人々の心を開く一つの大きな出来事なのではないでしょうか。

　がんの影響があるなかで生きる、がんによって生じた気持ちを表現する、自信とアイデンティティを取り戻す、不確実さのあるなかで生きる、性と生殖についてもフランクに話すことができる、家族間のコミュニケーションや関係性についても話ができる。がんの治療法の副作用についても話ができる。また、さらにその先に向かって生きる。

　その「生きる」ということは、ある意味ではターミナルに向かっていくことなんですが、最後までいきいきと生きて、人生を終える。そこを支援する。

「自分が単なる物になってしまい、物事がただ自分に起こるだけという感覚になった」。これはマギーズに来られた方もおっしゃいます。「外の景色はモノクロでしかない」と。「今日、相談を終えて玄関を出たときに、空は青いんだなとしばらくぶりにそう思いました」とおっしゃった方がいました。カラー、色がついて見えると。これはイギリスの方も同じようにおっしゃっています。「マギーズで私は自分のアイデンティティを取り戻しました」と。向こうはとてもカラフルなクッションが置かれていますね。

これはマギーズのウエストロンドンのセンター長のバーニーさんの言葉です。

「私たちは、一人ひとりがご自分のニーズを理解できるようお手伝いします。一人ひとりの状況を理解することが、私たちの仕事の重要な部分で、それによってそれぞれの人に最も適したプログラムを紹介することを通して、人々を支えていくことができるのです」

次はマイク・リチャーズさんが書いてくれていますが、「私たちが常に心うたれるのは、マギーズの提供するケアの水準であり、そのために細部にまで注意を向けていることです。そのことが、がんの旅路を歩む人の幸福に貢献していることは疑う余地がありません」。

イギリスでマギーズを訪問するミシェル・オバマ

こうやっていろいろな方が残していった言葉を、マギーズはきちんと外へ向かって発信をしています。

これはミシェル・オバマさんですね。ミシェルさんはイギリスを訪れたときに、ぜひ訪問したいと希望して来られたようです。これはCEOのローラさんです。「マギーズような地域の宝は常に称えられるべきです」と。ミシェル・オバマはご自身で選んで来られたようです。

これは利用者さんですね。「マギーズは素晴らしい場所です……。明るく、心地よく、人を歓迎し、心をすっきりさせてくれる場所で、あなたの気分に応じて専門的なサービスを提供する場所、社交の場所、そして一人になれる場所でもあります。マギーズのサポートがなかったら、心の状態においても身体的健康の面でも、今の私はなかったということ、疑いありません。マギーズにはどんなに感謝してもしきれません」。

グループでもいいけれど一人にもなれる。そういう環境を、ちょっとした空間の中にも工夫がされている。

次はマギーさんの言葉です。

「特に大事なことは、死の恐怖のなかにあっても生きる希望を、喜びを失わないことです」

自分を取り戻す

勇気を持って一歩を踏み出す
マギーズが大事にしている三つの言葉が、ケアリング、シェアリング、ダーリングという表現です。とくにこの「ダーリング」という言葉は、勇気をもって一歩を踏み出すということです。
相談に来られた方が、ご自分が本当に落ち込んでしまって「一歩も踏み出せない」とおっしゃるときに、「だけど今日、あなたは勇気をもってマギーズを訪れてくださいましたよね。それがまずは最初ですよ」と。その一方で、私たち支援する側も、現状ではまったく制度には乗っていません。ですから、どこからも報酬は得られない。ここを維持するためには、必死でチャリティにチャレンジをしないといけない。そういうなかで、勇気をもって一歩を踏み出しました。
ホームホスピスの皆さんも、全く制度のないところから一歩踏み出し、二歩踏み出し、先輩方の後を追うようにたくさんの人がそれに呼応している。それは、そこにおられる当事者の方々の思いを汲み取って、一緒に前に進もうという勇気をもって一歩を踏み出したからではないかと思います。

そういう意味で、私たちはいつも常にチャレンジし、道無き道を歩いている。そして、当事者とともに考えられる現場でありたいなと思います。

では、マギーズができるまでの経過を記録した一分間の動画と、四月十八日に放映されたＮＨＫ教育テレビ「ハートネットＴＶ」（「がんと共に歩む力を」）の映像を少しだけ観ていただいて、終わりにしたいと思います。

カツラ

映像の最後に出ていただいた方ですが、つい一カ月ほど前に徳島から親子で来られた方の例をちょっとお話しします。

最初はご本人はほとんどしゃべらないで、娘さんが代弁するようにして、「カツラを作らないといけないんです」、「カツラを……」とボソボソソッと、「カツラはいつ採寸をして作ればいいんですか」、「高いと聞いているんですけど」と、ひたすらカツラの話に終始しました。

どうもご本人さんは四国で診断がついたが、そこでは十分な治療を受けられないので、娘さんのいる東京に出て来て、マギーズのそばの病院で治療を受けることになったということのようです。それで近くのアパートに住んでいて、まだ十分に歩けるし、それほど体力が落ちているわけではないんだけど、阿波ではいろんな活動をしていたのに、今はすっかり家に引きこもった状態になっている。とにかく早めにカツラを作らなきゃいけない、という思いで来られたんです。関心のフォーカスはいかにもカツラにあたっているように思いました。

「ああ、そうですか。でも、カツラは必ず作らなきゃいけないというわけじゃないんですよ。どうしてカツラにそんなにこだわられるんですか」と訊きました。そうしたら、ここから声のトーンが上がってきました。ご自

マギーズ東京に向かう小道

身は無形文化財に指定されている阿波の人形浄瑠璃の、外国にも行ったくらいの浄瑠璃座の頭《かしら》の遣い手だと。頭遣いの座長を務めるので、最後に黒い被り物を脱いで、皆さんにきちんとお辞儀をして口上を述べるのが役割。そのときに頭がみんなに見えるから、「それじゃあ悪いでしょう」というのでカツラなんです、と。

それで、なるほどと思いましたが、きっと浄瑠璃を続けてきたこの人にはこの人の物語があるのだろうと思って、「ああ、浄瑠璃は、『義太夫』のあの太棹《ふとざお》の音は素敵ですよね」と、別に意図があるわけでないけれども、その光景を思い浮かべて声をかけました。そうしたら、苦労を重ねて上達し、そのお陰でパリにもニューヨークにも行けたんだという話から、だんだんだんだん声のトーンがそれこそ座長さんのようになって、テーブルのところで、まさに浄瑠璃を実演するかのようにお話が始まりました。

頭遣いは、公演が終わったら、そのお人形のカツラは自分で手入れをし、自分で髷《まげ》を結い直したりするそうで、カツラの道具はあるんだというわけです。「でしたら、ちょっとした帽子に付け毛を付けたりして、カツラを買わない人だっているんですよ」と話したら、「ああそうだね」って。そしてだんだん「カツラは買わなくてもいい」という話になっていきまして、最後にどう言ったと思います。本当に周りの聞いているみんなが拍手をしたい思いでした。

「そうだね。被り物を脱いでお辞儀をするときに頭の毛がなくっても、これは自分ががんと闘った証だから、みんなにそう言ってやればいいんだよね。小学校や中学校に行って無形文化財の芸能を見せるんだけど、子どもたちにそういう話をしてやればいいんだよね」とおっしゃいました。

来たときは細々と娘さんだけがしゃべっていたのが、その人がまさに自分を取り戻し、自信をもち、「髪の毛が変わろうとも自分の値打ちは変わらない」と言う、その姿にみんな感動したんです。

自分を取り戻す

それこそマギーズが目指している、自分を取り戻し一歩勇気をもって前に出るということです。そのために、私たちは何かをしたわけではない。マギーズは、その人の人生に敬意を払い、その人の人生の話を聞きたいと思った、その瞬間から変化が起こるということです。

だから今、こうやって綺麗な建物を見せられて「ああ、これは素敵だけど東京だからね」とか、「あんなお金は集められないからね」と思われたかもしれませんが、今のお話のようなことでしたら、皆さんもできます。ホームホスピスの片隅にぜひ場所を作って、相談支援をしていただきたい。何故かと言えば、マギーズの最初の一年間に六千人の人がどうして来たのでしょう。それだけ悩んでいる人が多いということです。

その人たちの受け皿にどこがなるのでしょう。皆さんのような人が受けていただかなかったら、全国に拡がりません。ぜひ一緒に、同じようなことをやっていただきたいと思っています。

私の話を終わらせていただきます。

ホームホスピスの環境調査

【中間報告】

山口　健太郎
近畿人学建築学部教授

中嶋　友美
近畿大学大学院
総合理工学研究科　大学院生

建築から見たホームホスピスの三つの特徴

皆さん、こんにちは。私も昨日から参加させていただき、涙あり笑いありでとても素晴しい会だなと思っております。

今までのお話と比べて少し固い部分もありますが、我々は建築の面からホームホスピスについてご紹介したいと思います。私はこれまで個室ユニットケアや小規模多機能などの研究を介護の現場から行ってきましたので、なかには建築とは違う観点からの内容も含めてお話しさせていただきます。

今回は大学院生の中嶋さんを中心に、全国二十八カ所のホームホスピスにヒアリングさせていただきました。私も三分の二くらいは一緒に行かせていただきました。まだ先々週に調査が終わったばかりで、かなり粗々しいデータもありますが、ホームホスピスの理念に沿って、どういう部分にどういうふうな建築的な特徴があるのかということについてお話ししたいと思います。

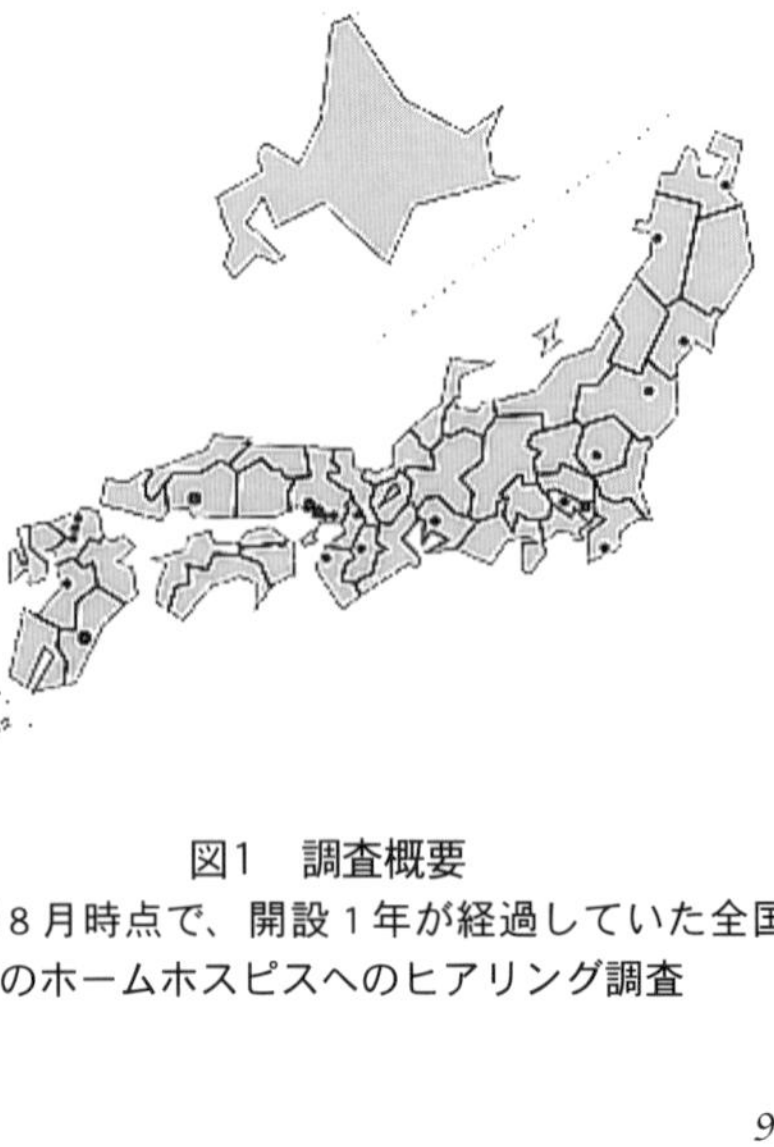

図1　調査概要
2017 年 8 月時点で、開設 1 年が経過していた全国 28 カ所のホームホスピスへのヒアリング調査

私が感じたホームホスピスの大きな理念として、一つ目は水平的な関係があります。二つ目は、地域に開くということ。三つ目は、「看取り」を文化としてとらえていること。看取りを隠すのではなく、そこから全世代がもう一度、生き力を勉強していくというところがホームホスピスの大きな特徴ではないかと思っております。順に見ていきます。

水平的な関係

規則の落差

まずは水平的な関係についてです。これについては皆さん介護のプロですから多くの方がご存じだと思います。私の先生であった外山義《とやまただし》先生がそうおっしゃっているのですが、施設と自宅には五つの落差――空間の落差、時間の落差、規則の落差、言葉の落差、役割の喪失――があります。この「規則の落差」という部分が、施設ではとくに大きな影響を及ぼしていると思っています。施設では、朝起きる時間、食事の時間、排泄の時間、寝る時間、すべてが決まっています。なおかつ外出するにしても、また家族が食べ物を持ち込むことに関しても、いろんな制限がかかってきます。これには管理者責任を追及されるという面もあるわけですが、そこにある施設の垂直的な関係、職員がいて、利用者さんがその下にあるという関係がそういう規則をつくり、それが利用者の生きる気力を奪っているのではないかと考えています。

一方、ホームホスピスにて物品の持ち込み制限がありますかと訊いたら、「ある」と答えたところはゼロでした。面会時間の設定の有無を尋ねると、これもすべてが「ない」と返ってきました。

それから玄関。これは訪問させてもらったときに見るのですが、施設はだいたい施錠されていて、中からは出られないようになっています。エレベーターも暗証ロックが掛かっていて利用者は降りられない仕組みになっている。それがホームホスピスでは、施錠をしていない。住宅を標榜しているサービス付き高齢者向け住宅でも最近は玄関を施錠しているところが多くなり、非常に悩ましいところです。そういう規則をそもそも皆さんはお考

■施設＝管理的な生活・空間＝垂直な関係
施設入居は高齢者に対して、一方的な施設規則への遵守を求める。様々な規則により生活の個別性は失われ、管理的な生活となっていく。そして、高齢者は生きる意欲を失っていく。
（施設における５つの落差「規則の落差」『自宅でない在宅』 外山義 医学書院）

表１ 施設内規則の有無（一般的高齢者施設とホームホスピスの比較）

	一般的な施設	ホームホスピス
物品の持ち込み制限	あり	0／28
面会時間の設定	あり	0／28
玄関の施錠	あり	0／28

えではない。ホームホスピスは「施設ではない」、「家なんだ」ということが、こういうところからも見えてくるのではないかと思います。

水平的な関係がもたらす影響とその要因

今日のお話のなかから食事の大切さについての話がありましたが、ホームホスピスではさまざまな食事に関する取り組みがなされています。「余命一カ月と言われていた方が入居して二日くらいしたら手づかみで食べるようになり、非常にお元気になられて四年目を迎えているんですよ」というようなお話もたくさんうかがいました。私は「ホスピス」という言葉から、比較的短期間の利用の方が多いのかなと思っていたら、「いや、どんどん回復していくんだ」と。ルールがない日常を取り戻すことで、実はお年寄りの生命力が引き出されるということを、多くの職員の方から聞くことができました。

また、家族の関わり方に関するエピソードのなかで例えば、熊本「われもこう」ではピンポンを押さずに玄関の扉をガラガラと開けて「こんにちは」と声をかけて入っていくような関係性があります。まったく一見《いちげん》である私でも、そう振る舞いたくなるような環境がありました。ですからそこでは、ご家族がインターホンを押してから入ることはあまりありません。「こんにちは」とガラガラと戸を開けて入ってきて、家族と一緒にお茶を飲む。ぱっと見ただけでは誰が職員さんで、誰が家族かわからないぐらいです。でもこれが施設だと、家族がお茶を淹れようと思っても「すみません、キッチンをお借りしていいですか。ごめんなさいね」と職員に断ってからお茶を淹れる。それもだんだん面倒臭くなってきますので、ペットボトルを買って行って、ちょこっと一緒にお茶を飲んで、「お母さん、じゃあ帰るね」と十分くらいで帰る。そのような家族が落ち着けない空間だと、職員と家族の関係性も距離が遠いままになってしまうと思います。

ホームホスピスではそうではなくて、生活のなかに家族が自然に入っていて、職員と家族が馴染みの関係になっていって、最終的には利用者と職員と家族が水平な関係になっていく。そういう部分が、「規則の落差」という観点から見たホームホスピスの素晴らしさではないかと思っております。

図2　ホームホスピスわれもこう

その水平的な関係を生み出している要因の一つが、今日のテーマである「空間のもつ力」、ハードの影響ではないかと思っています。小規模多機能や富山型デイ（富山市で始められた民家を使い、家庭的な雰囲気のもとに、対象者を限定せずにサービスを提供する施設）など、民家を活用した施設が十五年くらい前から出てきています。建築の分野でも、民家の力というものがあるとは思っているのですが、その力をなかなか客観的に表すことが難しく、あまり研究が進んでいません。

ただ今回このような機会をいただきましたので、「住宅の力」について考えてみたいと思います。

気配

気配を感じ合えること

私たちは住宅の力には、「気配を感じ合える環境や関係」が大きな影響をあたえていると考えています。施設では、見守りと言いながら監視をしていたりと、気配を感じているというよりは常に見張っているという状況になっています。それがホームホスピスでは、気配を感じ合いながら自然と必要なケアを提供するという話を、いろいろなところから聞きました。

では、「気配」とはなんだろうと考えたときに、私たちは、職員さんがお年寄りに目を配っている、「気配」を察している、とはじめは思いました。確かに民家のような形で、職員が立っているキッチンと利用者さんの寝ておられるベッドの距離が近かったりするので、気配がわかるのかなと思っていたのですが、「気配」というのは実は、職員がお年寄りに気を配っているだけではなく、実はお年寄りも職員のことを見ているんだと、職員の「気配」をお年寄りも常に感じているんだというお話をうかがい、なるほどと思ったわけです。

例えば男性であれば、かまってもらいたいときには咳払いをしてちょっと奥さんの注意を引いて、そこから「お茶を」という話になります。妻はいま何をしているのかなと、ちょっと暇そうだったら咳払いをしようかなと。たぶん、そういうことが日常では無意識に行われているんだと思うんです。つまり「気配」というのは、双方向な関係性のなかでできているんです。

では、気配を察しにくい関係ってどうなんだろうか。例えば、講演会における演者と聴衆というように距離が開いていれば気配は感じられないですよね。また、両者の間に厚い壁があるとやはり気配は感じられない。住宅のようにこっちにキッチンがあって、あっちに個室があるという「あっちこっち」の近い関係がまず大切です。次に部屋と部屋の境界部分の区切りの度合い、我々が遮蔽度と呼んでいる要素も、気配の伝わりやすさに影響をあたえていると考えています。

気配を感じやすい空間構成

では、このリビングを中心にどれだけ部屋が配置されているかどうかというのを測る指標として、スペースシンタックスという方法論があります。これは、建物の一番中心になっている部屋は何なのかというのを調べる方法です。スペースシンタックスを使って、二十八カ所のホームホスピスを分析すると、キッチンとリビングを中心に居室が囲われているような囲み型の空間だと、キッチンとリビングの中心度が高まっていきます。逆に、都市部だとどうしても二階建てになりますが、一階がリビング・ダイニングで二階に居室というように居室とリビングの距離が離れてしまうとリビングの中心性が失われていく。また、廊下で部屋が区切られていると、どうしても中心の軸が部屋のほうにズレていき、リビング・ダイニングの中心性が失われていく。ただ、すべて囲み型がいいかというと微妙なところもありますが、リビングを中心にとらえていくことを考えると、非常に気配を感じやすい空間構成が多かったと言えます。

次に、境界の遮蔽度です。最も遮蔽度が高かったのは、集合住宅の数戸を借りてホームホスピスを行っている事例でした。都会では仕方がないですが、一つひとつの住戸が区切られており、リビング・ダイニングが離れている。そうすると、気配を感じにくい。とくにお年寄りから職員の気配を感じにくい空間になっていました。一方、従来の日本の建具である障子や襖は気配を感じやすいという部分があります。しかしながら、意外とホームホスピスでは扉形式が多く遮蔽度の高い建具を用いていました。この点については、襖や障子など気配の伝わりやすいデザインもあるのではと思っています。

　このように遮蔽度や、中心性からホームホスピスを分析していくと、「気配を感じやすく、なおかつ遮蔽度も非常に低い」のは一事例でした。次に「中心性は高いけれども遮蔽度は少し低い」ところが三件くらい。あとは、「中心性が低く、遮蔽度も低い」少し閉鎖的なものが十一件くらい、三分の一ぐらいでした。

　ですから民家を使うということが、そのまますべてＯＫではなく、部屋と部屋の境界線のデザインや、リビン

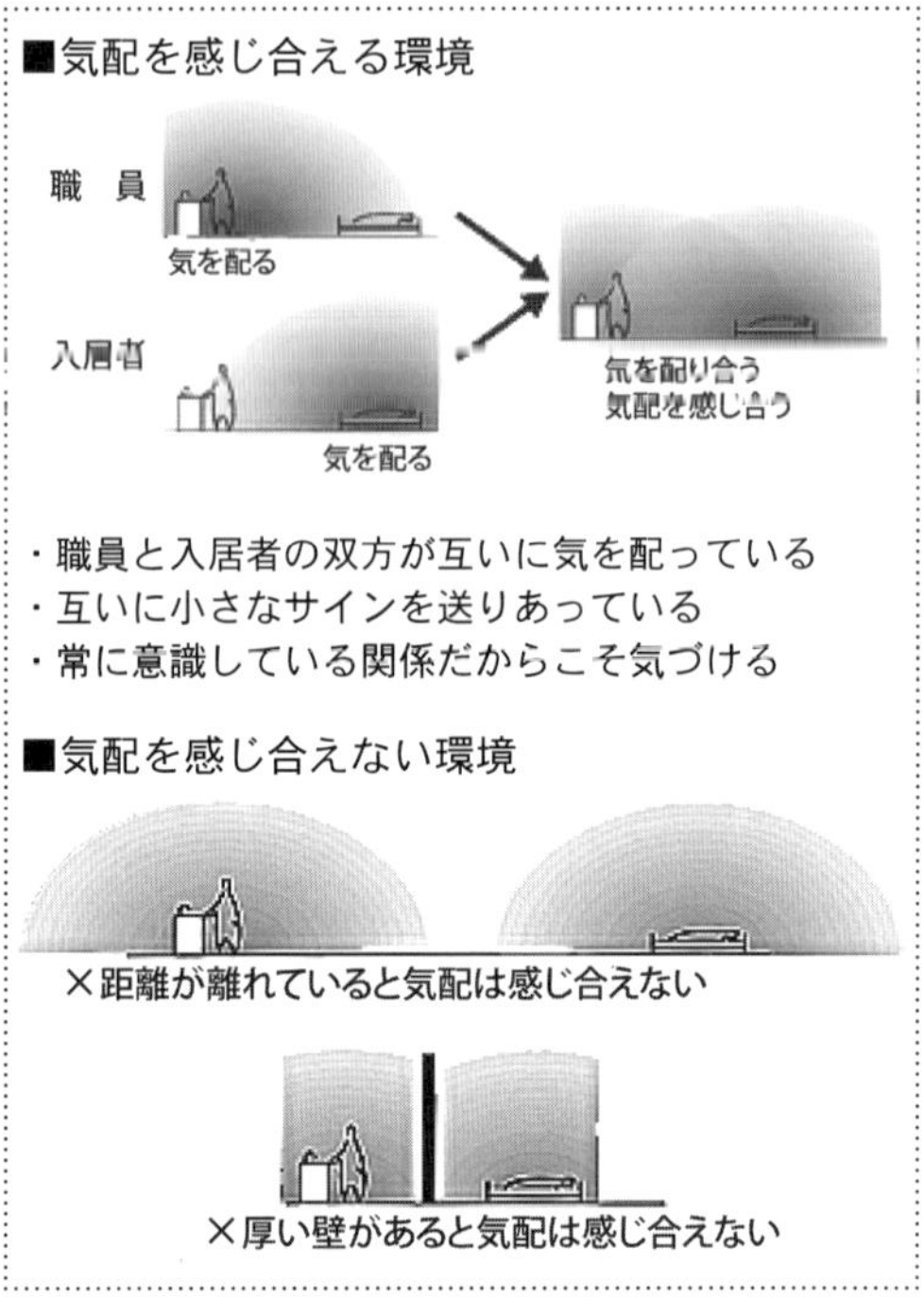

・互いに小さなサインを送りあっている
・常に意識している関係だからこそ気づける

図3　気配を感じ合える環境と感じ合えない環境

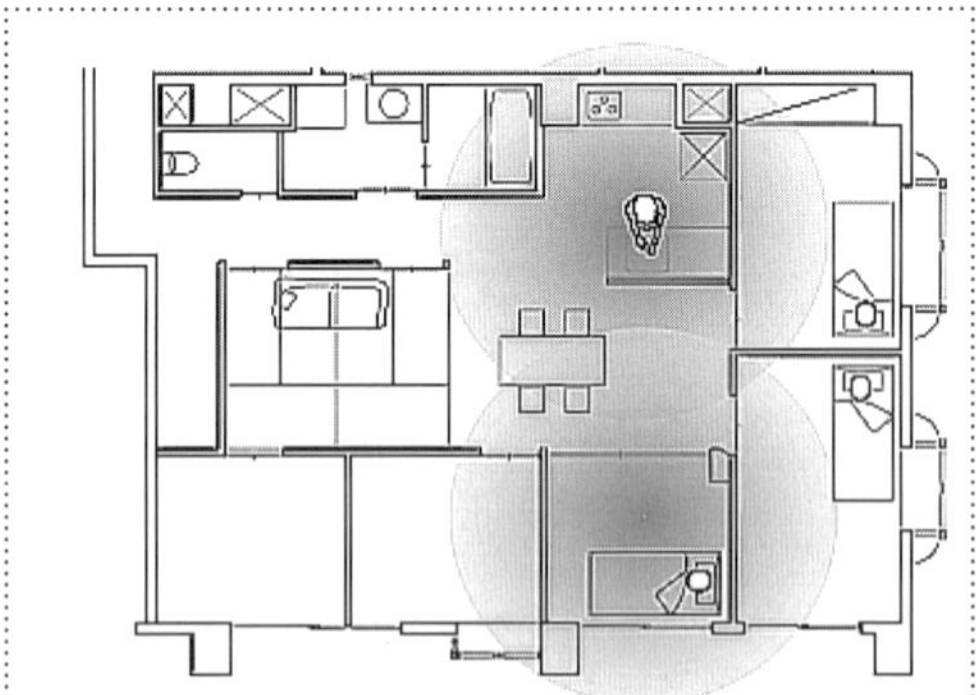
気配を感じることができる空間
・LDK を中心に空間がつながる
・LDK と各部屋の距離が近い
・各部屋の境界線の遮蔽度が低い

図4　気配を感じ合える環境
リビング・ダイニングから考える

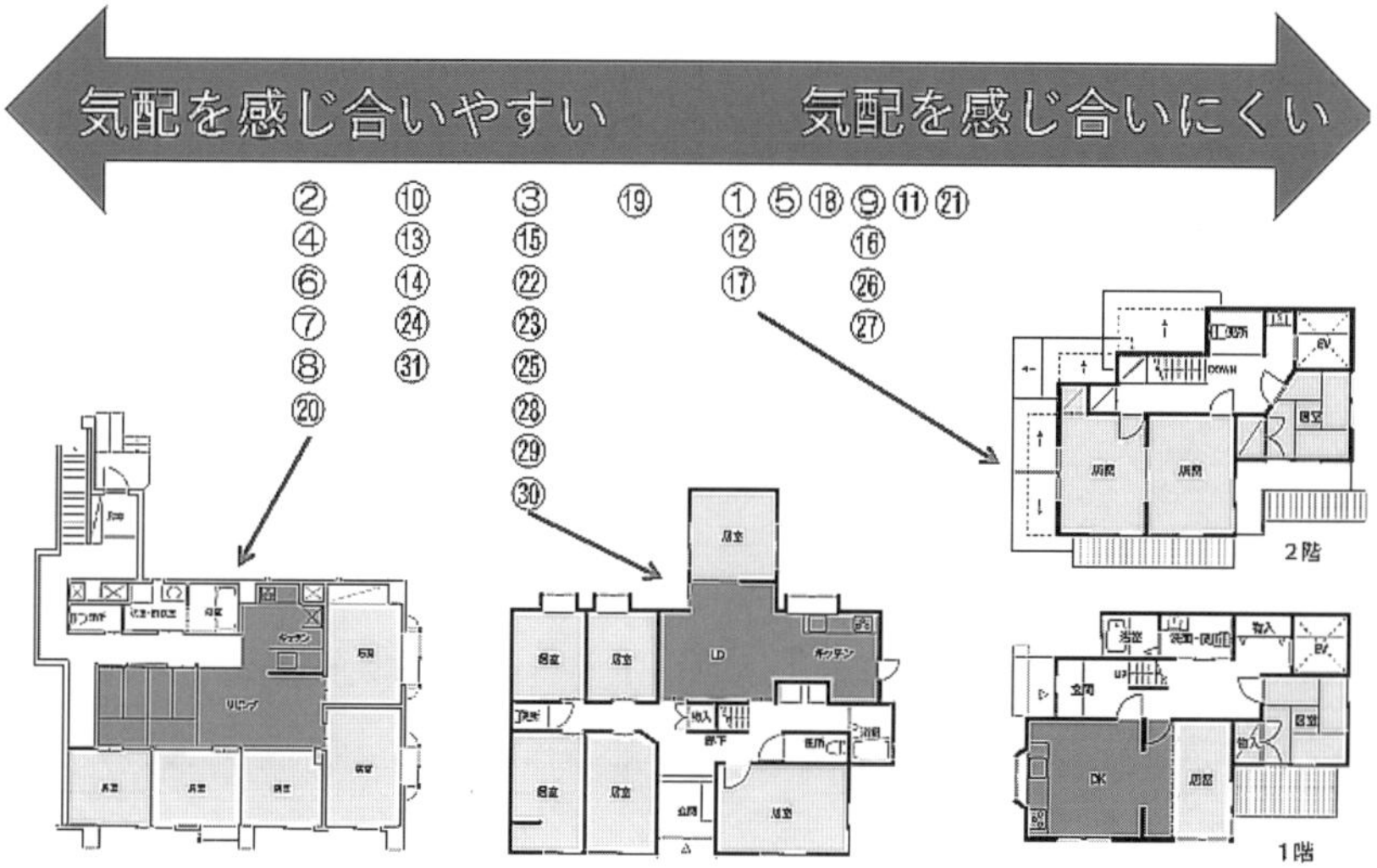

図5　ＬＤＫと居室の位置関係（囲み数字は調査したホームホスピス事例番号）

グを中心にどれだけ周りに気を配られるかという観点から住宅を探していただくと、よりよい空間につながっていくのではないかと思います。

地域に開く

サービスを建物の中で完結しない

二点目は建築から離れていくのですが、「地域に開く」ことも大事な要素だと思っています。従来の施設はどうしても建物の中でサービスが完結していました。それが、ホームホスピスは訪問介護を使ったり居宅介護支援を使ったり、もしくはデイサービスに出かけていったり、地域全体を使って生活をしている。ここは単に五人が住んでいる「家」であって、外部（のサービス）がどんどん入ってきているのだと聞きました。それを二十八カ所のホームホスピスが、実際にどのような仕組みにしているのかをまとめたのが表2です。

「外付け」となっているのは、その事業所には介護サービスがない場合。「内付け」と書いているのは、その事業所の

表2　地域資源の活用（抱え込まない仕組み）

	内付け		外付け
	選択性あり	選択性なし	
生活支援	28	0	0
食　事	28	0	0
居宅介護	8	1	19
介　護	9	15	4
看　護	6	5	17
医　療	0	1	27

中に介護サービスが含まれている場合です。「選択性なし」とあるのは、その事業所のサービスしか使えない場合、「選択性あり」は、他の事業所を使ってもＯＫという意味です。

生活支援の食事に関しては「内付け」になるので「選択性なし」となります。多くのサービス付き高齢者向け住宅（サ高住）などでは全て抱え込んで「選択性なし」になるものが多いのですが、ホームホスピスは居宅介護支援や訪問看護を外付けとし、地域のなかで一緒に連携をとっています。なおかつ居宅介護・看護に関しても自分の事業所で訪問看護・介護をもっていても、外の事業所を積極的に使っているところがかなり多く見られました。

次はサービスの組み合わせです（図6）。基本となる三つの事業者（居宅介護支援・訪問看護・訪問介護）が全部がついているパターンが四事例あります。なおかつ、すべて選択性をもっているパターンが二つ。その他は居宅、介護、看護のいずれかには選択性があります。こんなふうに三つすべて入っていても、選択制をいくつかもたせながらやっておられるのは特徴かと思います。また、看護はないけれども介護と居宅だけというところが四カ所あり、居宅と看護をもっているところが一カ所、そして介護と看護をもっているところが五カ所。一番多かったのが介護のみで、看護と居宅に関しては地域からというところが十一件ありました。

これはサ高住との対比（図7）ですが、どうしてもサ高住では抱え込みが問題視されているなかで、ホームホスピスの活動は地域に開いていくということが、これからの住宅という観点に立つととても大事なことです。

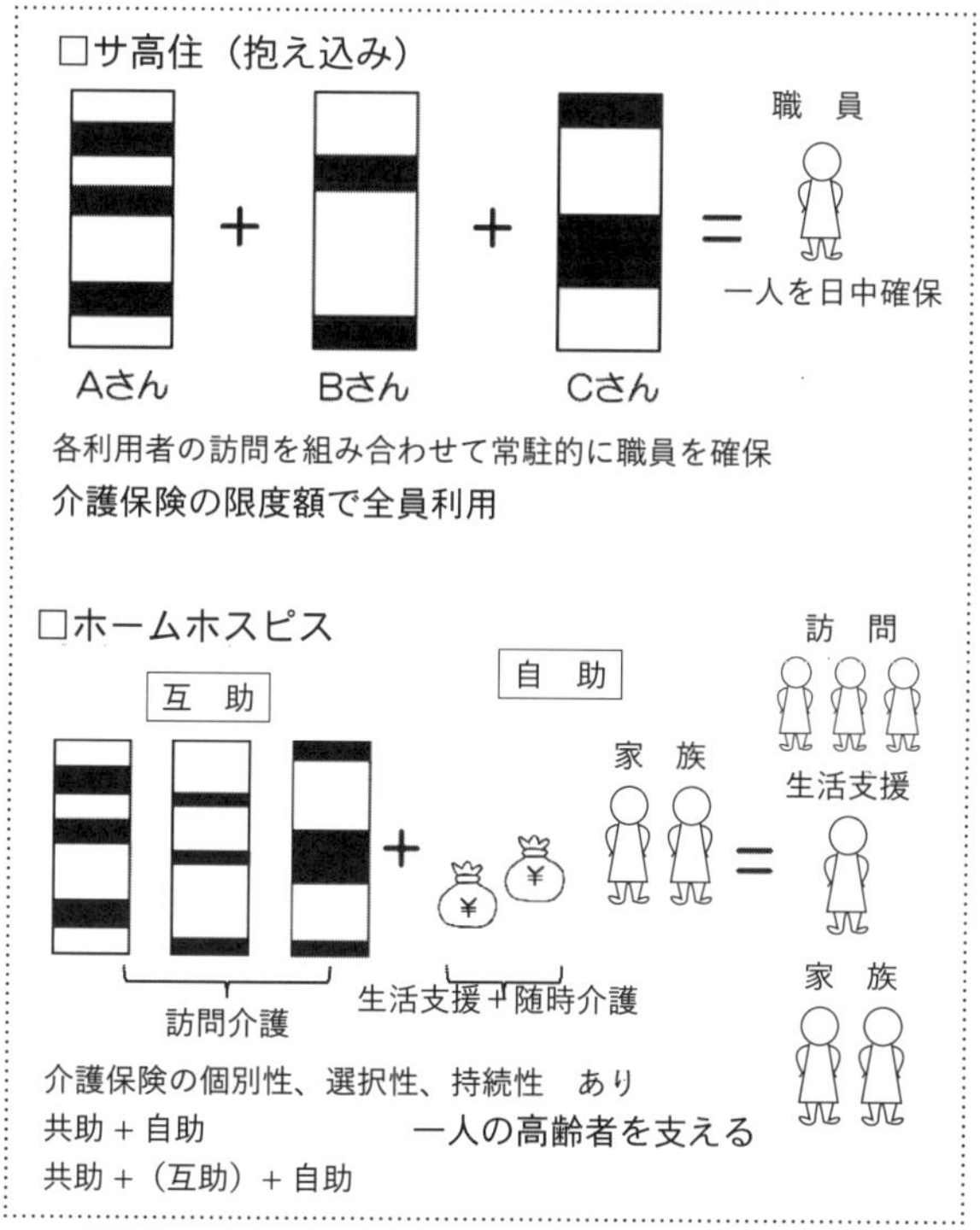

図7 ホームホスピスとサ高住の運営の仕組み

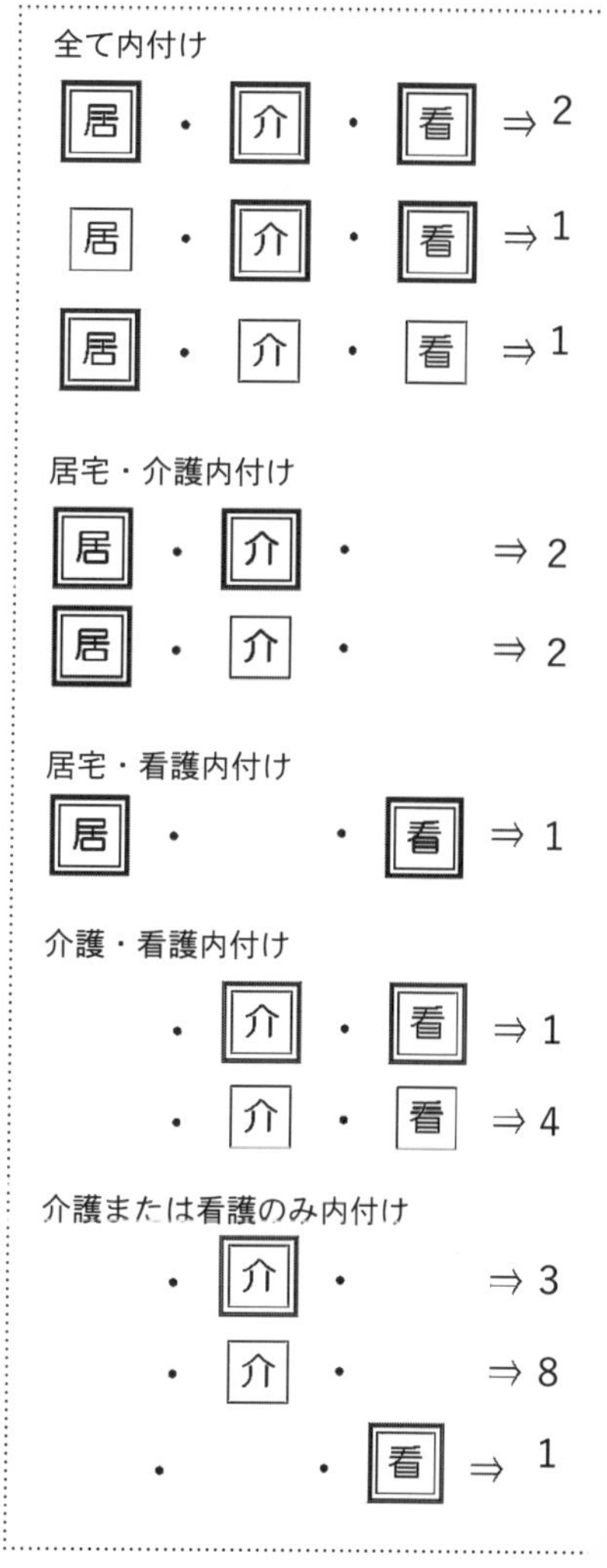

図6 サービスの付帯と選択制の組み合わせ
11パターンあり。二重四角は選択性あり。一重の四角は選択性なし

ハードとソフトを完全に分離させていくということが望ましいと言われるなかで、それが実践されているのが、今回の調査で見えてきたことです。

共助・互助・自助との連携

費用の問題についてもサ高住との比較で見ると、サ高住では、Aさんの訪問介護とBさんの訪問介護とCさんの訪問介護を足して一人分の職員を確保し、「職員が常駐していますよ」という仕組みをとっている施設が結構多くあります。そうなると、Aさん・Bさん・Cさんは介護保険料を全額負担してしまうということになるので、本当にBさんはそこまで必要だったのか、Cさんはデイサービスに行ったほうがよかったのではないかなど、そういう部分が問題だといわれています。

表3　生活支援費の内訳

介護保険 ｜ 食費 ＋ 家賃光熱費 ＋ 生活支援費

3万円未満	0
3～5万円	6
5～7万円	8
7～10万円	5
合計	19

一方、ホームホスピスは共助の仕組みとして訪問介護をうまく使いながらも、自助として生活支援費を自己負担してもらっています。介護保険の利用には個別性や選択性があり、また介護保険を全額使い切らないというところも介護保険制度の持続可能性という点から貢献しています。

すべて介護保険だけでやってしまうのではなく、必要な部分には自助を加え、家族や地域の互助などを組み入れる部分は使っていく。特に地域を加えていこうというところは、地域包括ケアを考えていく上でも非常に大事な観点だと思います。

では、この自助である生活支援費について全国のホームホスピスの結果を簡単にまとめたのが表3です。不明やまるめでもらっているところは含めていません。常駐職員の配置をみると二十四時間体制で常駐できる人員が確保されています。概ね介護職員のローテーションを組むためには、五人の職員が必要となります。ホームホスピスの利用者は五、六人となりますので、職員五人に対して入居者五人という一対一の手厚い配置がなされています。そう考えると妥当といいますか、かなり格安な生活支援費ではないかなと思います。

駆け足でしたが、以上が二点目の「地域に開く」というところの実践を紹介させていただきました。

表4　看取りについての家族の関わり

看取りについて家族の関わり	あり
家族の宿泊	18
エンゼルケアへの参加	11
看取りを終えた家族との関係継続（家族会・訪問・手紙）	8

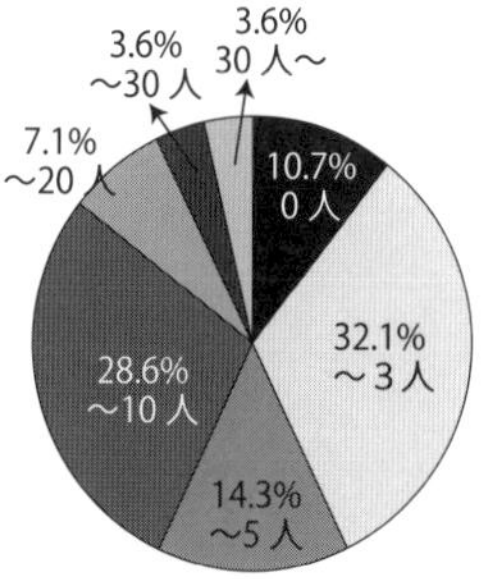

図8　年間の平均看取り数
（人は１年で看取った人の平均数）

看取りを文化としてとらえる

三つ目は、「看取りを文化としてとらえる」ということです。看取りという場面を通してもう一度家族との関係が変わっていくという話を非常にたくさんうかがいました。そういう部分を建築分野からもまとめていきたいと思っています。

まず、家族の宿泊を行っているところが十八事業所、エンゼルケアへの家族の参加はほぼすべての事業所で行われていました。また、看取りを終えたあとの家族との関係も非常に大事にされているところが多かったように思います。利用者の死は家族にとって大きな喪失になります。それをどう埋めていくのか。ホームホスピスでは、利用者さんが亡くなった後も家族との関係がずっと続いており、それが喪失感を埋めることにつながっていると感じています。

実は、私は十年くらい前に祖父を失くしまして、特養の個室で最後は亡くなったのですが、家族は看取りに誰も立ち会っておらず、介護職員に看取っていただいて、エンゼルケアも職員さんにしていただきました。家族はそのあとちょこっと部屋に入って「お世話になりました」と言って、出て行ったという経験があります。やはりもうちょっと別の関わりがあったんじゃないかなと思います。母の父親だったので、特に母のそのあとの様子を見ていますと、もう少し関わったほうが納得できたというか、喪失感がなかったのではないかなと思ったりしました。

こういうところは個室でもできていないことが多々あります。それが自然にできているのが住宅の力というか、ホームホスピスの力だと思います。ご家族が亡くなった後も皆さんが関わっておられて、「ありがとうございました」と言われることも多いという話をうかがいました。

このあたりはもう少し整理して分析して、家族がしっかり関わっていける、そこにはこんな意味があるんだということを出していきたいと思っています。

以上が、ホームホスピスを訪問させていただいた調査内容になります。

有料老人ホームの届出と消防法について

有料老人ホームの届出件数と火災への対策

ここからは、スプリンクラーの問題と、有料老人ホームの届け出の問題について触れたいと思います。

まず、有料老人ホームの届けを出しているところが十三建物でした。そして出していないのが、二十四建物でした。その内、用途変更していないのは二十七建物で、これは「住宅」のままという形になります。用途変更されている場合は「児童福祉施設等」となり、有料老人ホームに合致した建築用途となります。

スプリンクラーの設置は、未設置が二十六件、設置済みが十六件でした。スプリンクラーの設置は非常にコストがかかりますし、工事中は利用者さんに不便をかけることになりますので、なかなか難しいところがあるのかなと思っています。

次に内装制限。これは耐火とか準耐火という防火に対する基準が要求されてくるなかで、不燃材で覆っているかについてです。それを満たしていないのが二十三件でした。不燃材で覆っているところが三件、これは新築の場合でした。

あとは避難に関するソフトの話では、避難訓練を「実施している」ところが七件。「実施していない」が十四件ありました。このあたりはこれからガイドラインをつくられると思いますが、スプリンクラーを付けるかどうかに関わらずしっかり避難訓練をすることが大前提になっていくと思いますので、改善の余地があると思います。

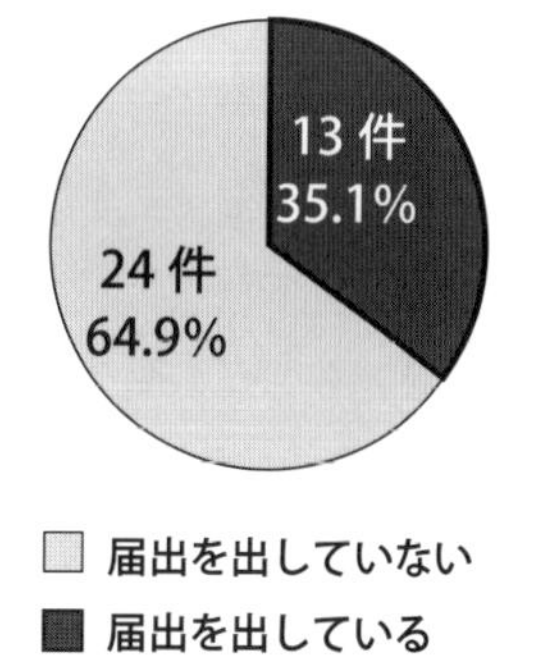

図9　有料老人ホームの届け出の有無

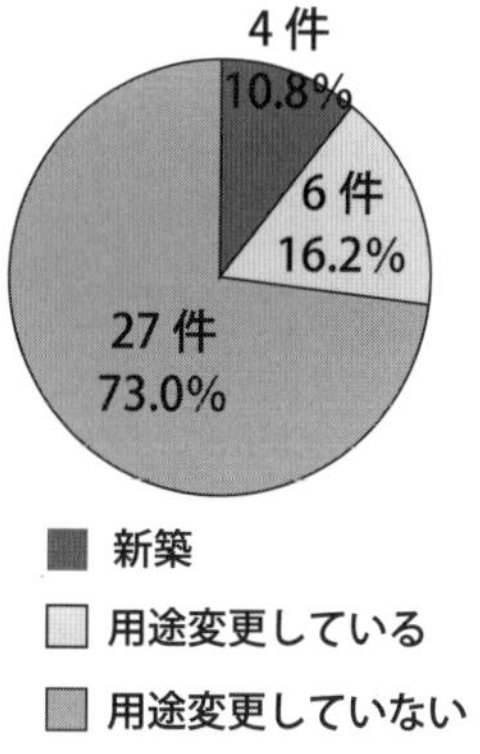

図10　用途変更の有無

今後の消防法の適用について

このように既存の建物を使っていくなかで、建築法規との関連性は難しいと考えています。国も既存建物の利用を推進していますので、法規については常に新しい情報に更新していく必要があると思います。

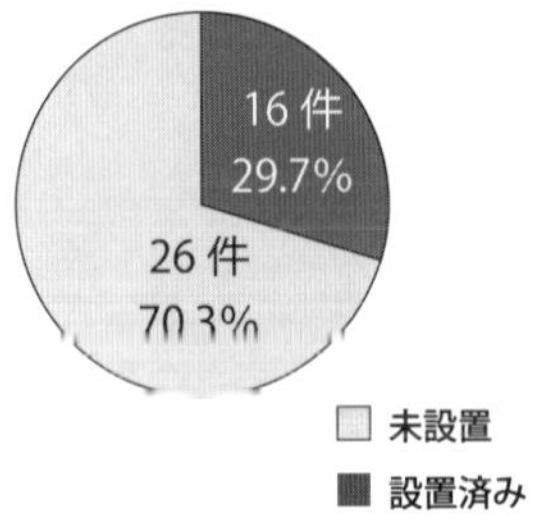

図 11　スプリンクラー設置の有無

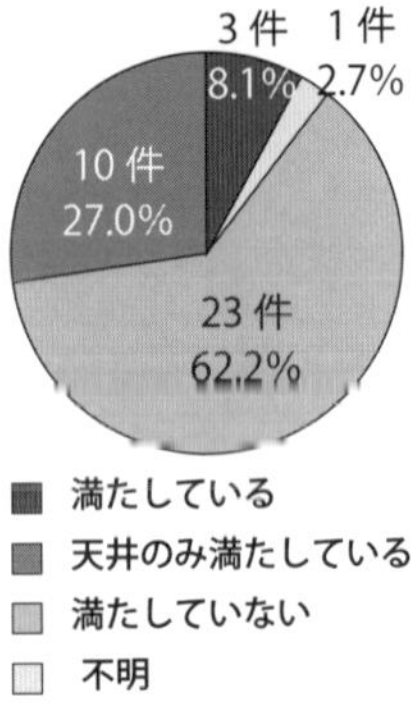

図 12　内装制限

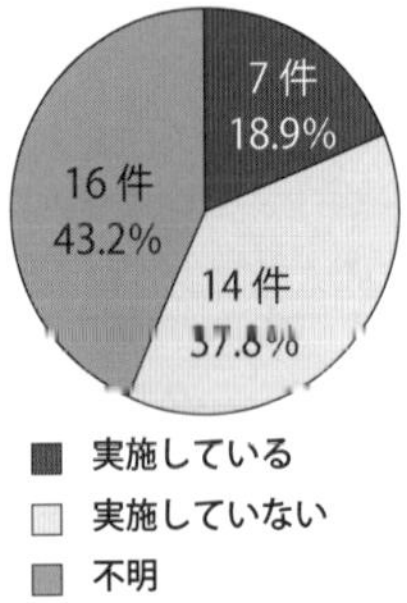

図 13　避難訓練実施状況

最後に、法規の難しさについて実際にホームホスピスの運営者とある市町村にうかがったときの話を報告させていただきます。

その自治体では小さな住宅を使ったものに関しては、スプリンクラーさえ付ければ、内装制限は消防法のなかでは要らないとあったのですが、そこに県が建築基準条例を上乗せで設けており、有料老人ホームの届け出を出しているものに関しては、スプリンクラーを付けているか付けていないにかかわらず、防火上の観点から準不燃材料にしてくださいという条例がありました。つまり市町村はＯＫでも県の条例により準不燃材料にすることが求められるということです。これはまだ協議継続中なので結論はまだ分かりませんが、ここで懸念しているのが、複雑にからみあった法律を解きほぐしていった時、一つ厳しい基準があると、実質的には運営が困難になることがあるかもしれないということを感じております。このあたりについては、これから整合性をとっていかないといけないと感じました。

以上で中間報告を終わります。またしっかりしたものを、どこかで出させていただきたいと思います。以上で終わります。ありがとうございました。

【シンポジウム】

空間のもつ力

園田 眞理子
明治大学理工学部建築学科教授

伊藤 明子
国土交通省住宅局長

秋山 正子
マギーズ東京センター長、ケアーズ白十字訪問看護ステーション統括所長

山口 健太郎
近畿大学建築学部教授

市原 美穂
全国ホームホスピス協会理事長

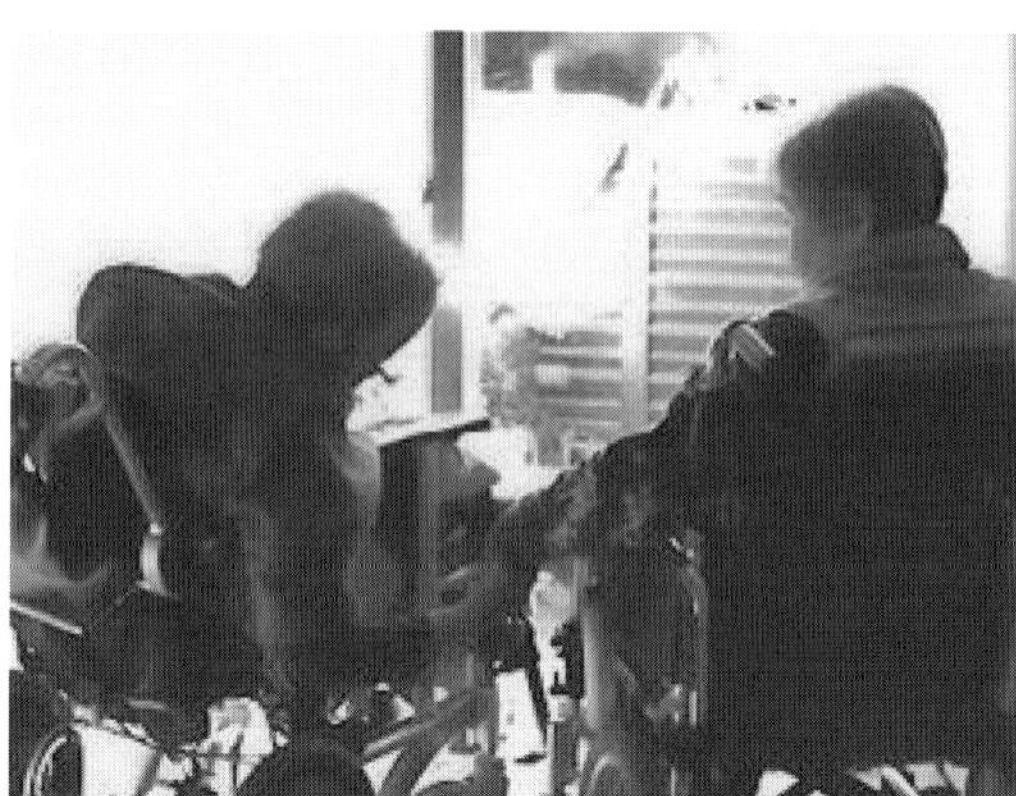

市原：「ルンバ」という自動掃除機がありますよね。ホームホスピスはちょっと「ルンバ」に似ていると思うんです。あちこちらぶつかりながら動いているけれど、そこにいる人たちがルンバに気づいて邪魔なものを退《ど》けたり、手伝ったりして、結果、きれいにお部屋が掃除されている。ホームホスピスというのはそもそも「とにかくやろう」というところからスタートして、それぞれの現場の課題をみんなで考えながら進んできました。

そういう意味で、今日のテーマ「空間のもつ力」も、実際にやってきたなかで見えてきたことです。

先ほど山口先生に建築家として、研究者としてホームホスピスの環境調査をされた「中間報告」をお願いしました。このへんは、私たちが一番苦手としており、「いいよね」と感覚で捉えるのは得意ですけど、「なぜ？」と訊かれるとうまく表わせない。空間のもつ力とか、民家のもつ力に助けられていると感じていますが、では「どう助けられているの？」というところが弱い。今からのシンポジウムでは、そこをもう少し深めていきたいと思います。

では、ご紹介します。明治大学建築科教授の園田眞理子先生です。チラシにプロフィールがありませんが、実はホームホスピス協会の身内なんです。園田先生には、協会をつくったときからずっとアドバイスをいただき、協会発足後は理事として、「住まい」という観点からご指導をお願いしてまいりました。

それからお隣りが伊藤明子国土交通省住宅局長、国土交通省の中で女性として初めて局長になられたという方です。それから、基調講演をしていただいた秋山正子さん、近畿大学の山口健太郎先生です。

最初に、園田先生と伊藤局長にプレゼンテーションをお願いいいたします。

ドゥーイング（doing）からビーイング（being）へ
ただ「居ること」を保障する

園田　眞理子

ビーイングの視点

この写真は、東京のホームホスピス楪《ゆずりは》の嶋崎さんが撮られた写真です（一〇七ページ扉参照）。暮らしのなかで、陽だまりのなかで入居者のお二方が手を握り合っている、その微妙なところから始めたいと思います。

さきほど山口先生が登壇されましたが、お話の中で、とくに皆さんは最後の話、建築基準法とか消防法の話を聞いて完全にノックアウトされたと思うんですが、山口先生の一・五倍生きてきた私はレジリエンス、回復力・跳ね返す力で迫ってみようと思います。

私たちは「住まい」のことを考えているのですが、建築分野では、「人と空間との関係」を常に考えています。特に高齢者や障害をもった方に対しては、皆さんも耳にタコができるほど聞かれる「バリアフリー」という言葉があります。一方、昨日の夜の懇親会のスピーチで唐澤剛さん（内閣官房まち・ひと・しごと創生本部地方創生総括官）が、「これからの時代はごちゃ混ぜです」とおっしゃいました。これは格好よく言うと「ダイバーシティ」、多様性です。だけど実際は「ごちゃ混ぜ」だよね、と。

世の中にはゼロ歳から百歳以上の人まで、ごちゃ混ぜにたくさんいます。そこをバリアフリーにしていきましょうということで、二十世紀の終わりくらいから取り組んできたのが「機能の保障」です。何かをすること、動くこと、ドゥーイングをどう空間の側から拡張していくか、ということをやってきました。ところが、二十一世紀はもう一つ、「環境の保障」、「居ること」が重要になってきました。

つまり二十世紀は「幅を広げましょう」、「段差をとりましょう」、「手すりを付けましょう」とドゥーイングの視点一辺倒でやってきたのが、二十一世紀には、居心地のよさ、ビーイングに視点を変えて、そこに居ることを保障する。そのためには、光、音、熱、空気というこの目に見えないものがどのように人に影響（作用）するかがとても大切なんです。

自閉症スペクトラム障害の人の感覚

先ほど山口先生のお話の中に「気配」という言葉が出てきましたが、「気配」を理解するということは一番苦手というか、まずできません。ものごとを理解するには、全部言語にして説明し、これをサイエンスするわけですが、それはとても難しい。なぜこういうことを言うのかといえば、私の教室の院生の発言が発端でした。「先生、最近、自閉症の人や発達障害の人が話題になっていますが、彼らは動くのには特に不便はありません。そういう人たちの建築的なバリアフリーはないでしょうか」と。

発達障害について社会的にかなり理解されるようになってから、特に自閉症スペクトラム障害の方たちがご自分で手記を書かれるようになったんですね。それでその院生が、海外の文献も日本の文献もあわせて三十冊近くを全部読み解いて、そのなかから空間とその人の感覚のなかでどんなことが起きているかを、その人自身の言葉で拾い上げたんです。

それでわかったことは、先ほど光、音、熱、空気と申し上げましたが、それを感じるのは私たちの五感です。

例えば今、私の声が皆さんにどういうふうに聞こえているかは、実はお一方ずつセンサーが違うので、「ああ大きい声だな」とか「低い声だな」とか、全然違うわけですよね。この部屋はちょっと空調が効いていないように思うのですが、この温度感をちょっと暑いと思う方やちょっと寒いと思う方がいらっしゃる。つまり人間の感覚というのは千差万別で、私たちは空間に対してそのセンサーをチューニングしているんです。最近はデジタルになりましたが、昔はラジオを聴くときにチューニングしないとガーガービービー鳴って、受信の周波数を合わせないとよく聞こえなかったんですが、それと同じように、私たちはそれと意識せずに外部の環境条件をチューニングしているんです。

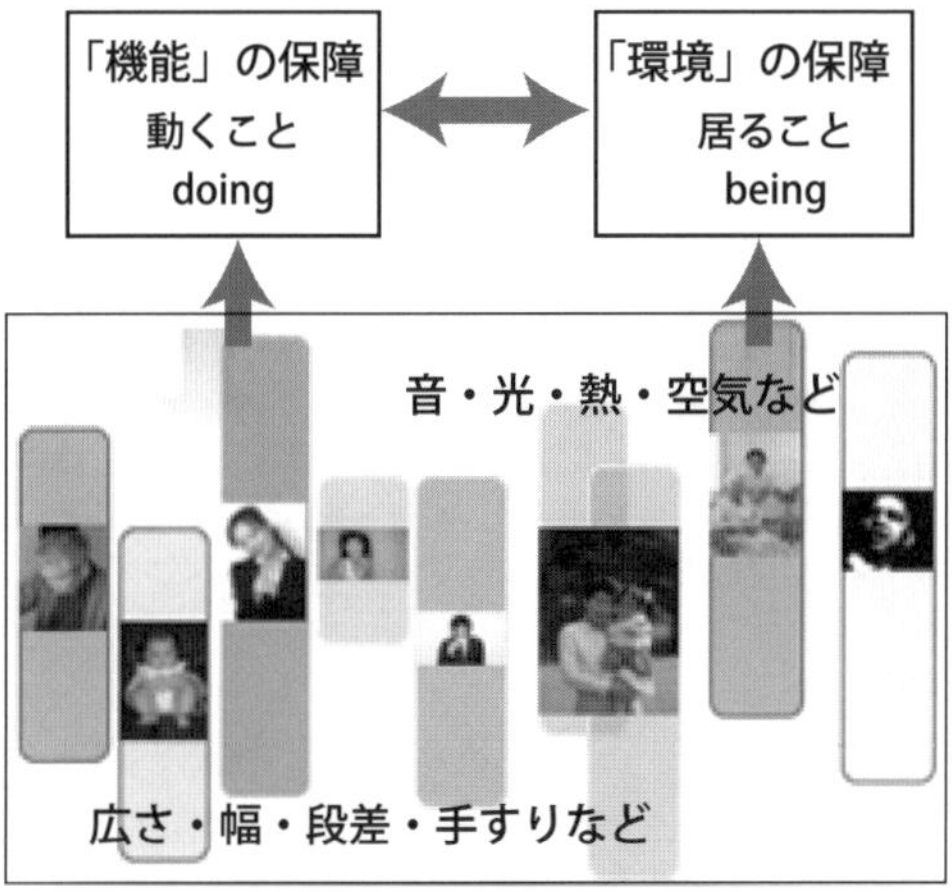

住まいの空間における物理的条件の保障

自閉症スペクトラム障害の世界では、まあまあ普通というのを「定型発達」と言うそうです。感覚が過敏だったり、反対に鈍麻だったりするところを「非定型発達」と言っているのですが、そこに鍵があるように思います。

自閉症スペクトラム障害の方が、その感覚を言葉にして何と言っているのか。視覚に関しては、「光を見ると吐いてしまう」、「ある色が耐えられない」。そして聴覚。知的障害者の施設で一番壊されるのは換気扇です。ガタツキ音、バネ音、ビビリ音が苦手。ブーンという、今もこのプロジェクターが出している音、会場のなかで敏感な方がいらっしゃると、その音が気になって、私の話に集中できないかもしれません。

自閉症スペクトラム障害の特性　感覚の著しい「過敏」か「鈍麻」

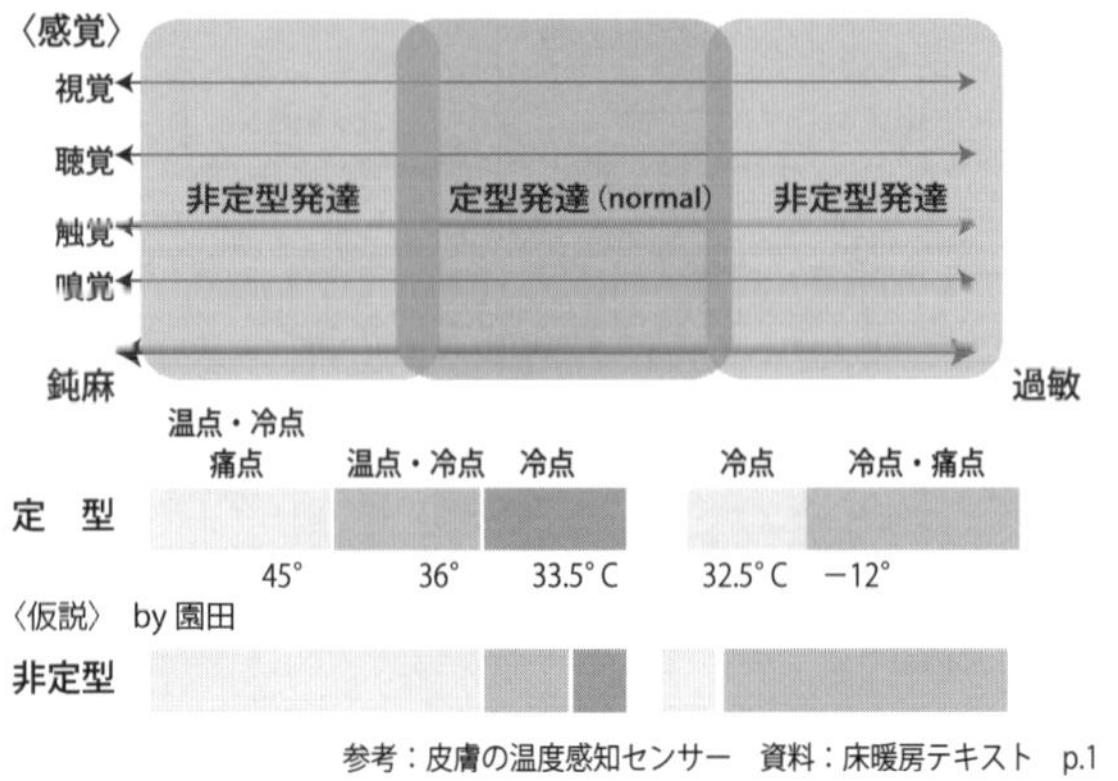

「沈黙」してきた人たちからの指摘
自閉症スペクトラム障害に関する研究から

人間は言語化できない部分の感覚として、自然や人工的な環境との間にいくつもの摩擦を抱えている！

○視覚に関するバリア
—光をみて吐いてしまう・・・
—ある色に耐えられない・・・
○聴覚に関するバリア
—ガタツキ音・バネ音・ビビリ音が苦手・・
—換気扇の低周波の連続音が苦手・・・
○触覚に関するバリア
—雨が痛い、風が痛い・・・
—シャワーの（水圧）が痛い・・・
○嗅覚に関するバリア
—風の流れの匂いに惑乱・・・

感覚過敏・鈍麻・知覚障害と建築環境

それから触覚。「雨が痛い」、「風が痛い」。私はびっくりしたんですけど、自閉症スペクトラム障害の方が対談しているなかで、宮沢賢治の「雨にも負けず　風にも負けず」という詩の一節を取り上げて、「本当にそうだよね。雨に打たれると痛いもんね。風にあうと痛いもんね。賢治は、そういう日にも外に出かけないといけなかったんだね」、「そうだよね、よくわかる」と話しておられる。私はびっくりしたんですが、「雨が痛い」とか「シャワーが痛い」、「暖房便座が痛い」、熱感覚が違うとこういうことが起こる。匂いもそうです。風の流れによってお隣の今晩ご飯が何かわかってしまう方がいる。

実は私たち人間は、言語化できない部分の感覚として、自然や人工的な環境との間にいくつも摩擦を抱えていて、定型発達の範囲であったり、あるいは社会人として訓練されたところでは何とかチューニングしてうまく乗り切っているのですが、年をとったり病気になったりすると、そこのチューニングがうまくいかなくなるのではないかと考えています。

ただ「居ること」を保障する

それで、これからディスカッションするホームホスピスですが、私はずっと「住まい」と言ってきました。あえて「住居《じゅうきょ》」ではなくて「住まい」と言いたいのですが、なぜ「住まい」でなければならないのかと言えば、今お話しした、ドゥーイング、ビーイングの違いがあるのではないでしょうか。

先ほどの山口先生のお話に「施設」がたくさん出てきましたが、施設というのは何かをするところ、能動的に機能を保障するところです。治療をする、介護をする、排泄のケアをする、「すること」がカウントされてそれが保険の点数になっている世界です。

私たちの近代社会は、ただ「居ること」に対してはなかなか評価してくれません。今のご時世は評価がお金に換算されるわけですが、ただそこに存在していること、ただ何かくつろいでいること、憩うとか、たたずむとか、癒やすとか、心地よいということはお金にならない。しかし、そういうことこそが実はとても重要なのではないか。「住まい」とは、ドゥーイングだけではなくて、このビーイングをどうやって実現していくのか。今、このことこそが課題だと思います。

民家という住まい

なぜ古い家がそこにあるか

縁あって市原さんとお知り合いになって以来ずっと、なぜ民家を使っているのかいろいろお話しをしてきました。また、高橋紘士先生（〈一社〉高齢者住宅推進機構理事ほか）ともいろんなことを話したなかで、なぜホームホスピスが民家でなければならないのかということについて考えてきました。

今、レジェンドとかビンテージという言い方がありますが、なぜ古い家がそこにあるかというと、天変地異に遭わなかったからですよね。古い家というのは──今は家族が小さくなったのでたくさん空き家になっていますが──大きくてゆとりがあります。また、ホームを日本語にすると「家庭」、「家」と「庭」がないとホームではない。だから、庭がないものを「ホーム」と言ってはいけないのです。

いい建築かどうか見分けるコツをお教えします。寿命が長い家ほどいい建築なんです。なんでそんな古い家が今まで残っているのかというと、みんなが愛して手入れをしてきたからです。建築も建ったときからずっと手入れをしないと、年を重ねることはできません。人間と同じです。

ですから古い家には、時間の蓄積、そこでの歴史、それからご近所あるいはその家を慈しんできた過去からのずっと馴染みの関係があるのではないでしょうか。

「い（居）」と「え（餌）」、「せ（世）」と「わ（我）」

私は日本語ってすごく面白いと思ったのですが、「家」というのは「い」と「え」ですね。「い」は「居ること」、「え」は「餌」、食べることです。そうしたら、太田先生のお話で、なんと「これからは食事です」と言われました。食べることです、と。「いえ」というのは、居場所と食べることをする場所から成り立っているのです。

もう一つ、皆さんがお仕事でなさっている「世話」。これは大和言葉です。「せわ」の「せ」は、「わ」が「せ」（我が背）。あるいは「兄」（我が兄《せ》）と書けば「あなた」ですよね。で、「わ」は私。だから、フランス語で言えば「トワ・エ・モア」、「あなたと私」の関係になります。もう一つ、「世話」というのは、まさに字に書いてある通り「浮世のことを話しましょう」、「そこでお話をしましょう」ということだと思います。

○古い家→土地の安全性が高いからこそ
○古い家→大きな家、ゆとりのある家、庭のある家
○古い家→よく手入れされてきたからこそ
○古い家→時間の蓄積、歴史、馴染みの関係

家＝い＋え＝居＋餌＝居場所と食事
世話＝せ＋わ＝背＋我＝あなたとわたし
世話＝浮世のことを話しましょう

「家《いえ》と世話《せわ》」の可能性

ホームホスピスが民家でなければならない理由

そういう意味で、空間のもつ可能性として、「家《いえ》」と「世話《せわ》」の両方をもっているホームホスピスは、高齢社会というよりもこれから多死社会を迎える私たちにとって社会というよりも、地域のなかで「家」と「世話」の可能性ということを示していると思います。

住宅セーフティネット法への登録

そうしたところでバトンタッチしたいのですが、実は私と伊藤さんは親友というか、私たちにも若いときがあって、二十代のときからの友人

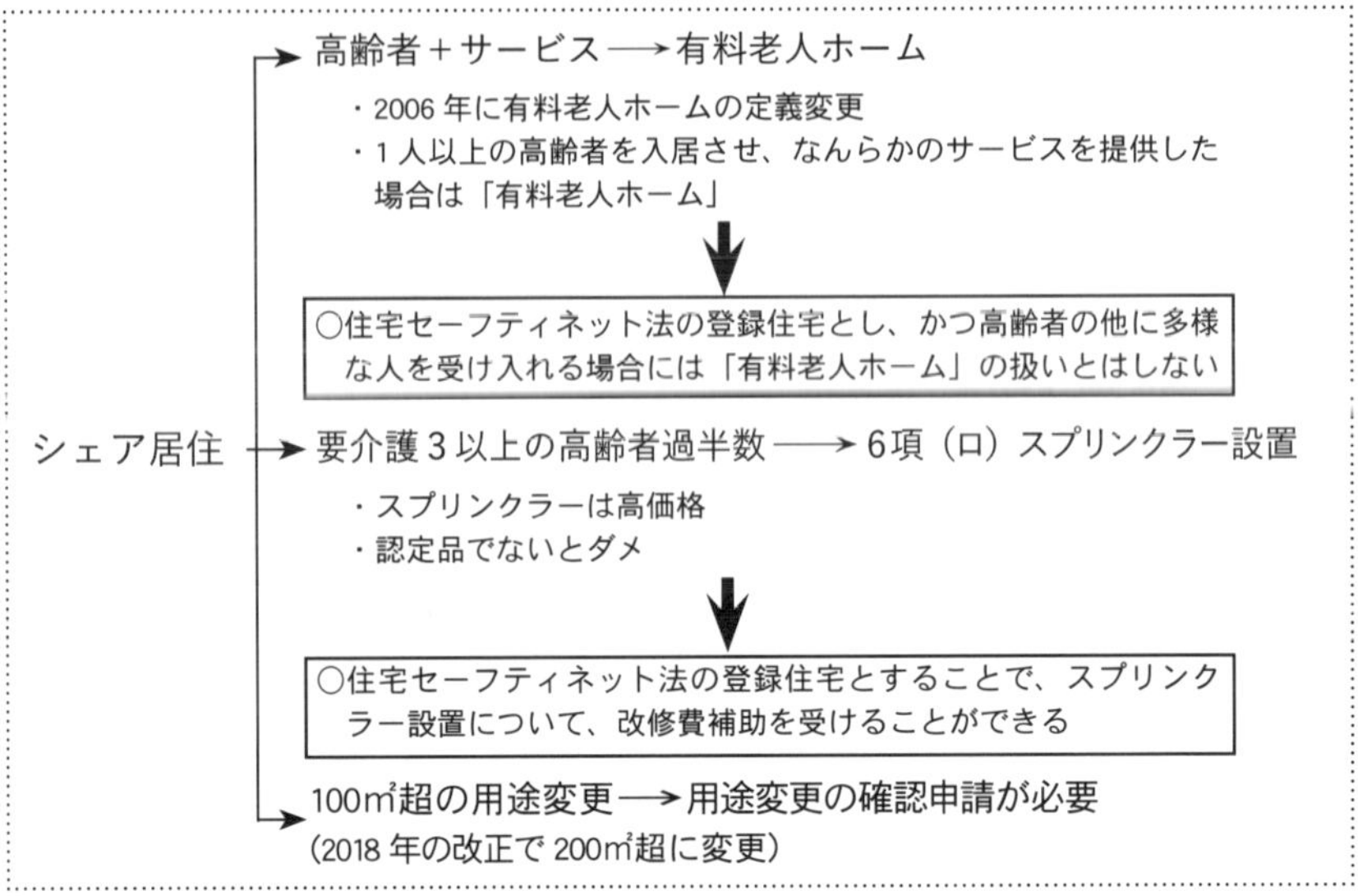
シェア居住
高齢者＋サービス → 有料老人ホーム
・2006 年に有料老人ホームの定義変更
・1 人以上の高齢者を入居させ、なんらかのサービスを提供した場合は「有料老人ホーム」
○住宅セーフティネット法の登録住宅とし、かつ高齢者の他に多様な人を受け入れる場合には「有料老人ホーム」の扱いとはしない
要介護 3 以上の高齢者過半数 → 6項（ロ）スプリンクラー設置
・スプリンクラーは高価格
・認定品でないとダメ
○住宅セーフティネット法の登録住宅とすることで、スプリンクラー設置について、改修費補助を受けることができる
100m²超の用途変更 → 用途変更の確認申請が必要
（2018 年の改正で 200m²超に変更）

住宅セーフティネット法と既存の住宅を利用したホームホスピスの関係

です。

今日ご登壇いただいたのは、本年（二〇一七年）十月二十五日から施行された新しい、というか、本当は約十歳になる「住宅セーフティネット法」という、住宅の世界では珍しい議員立法でできた法律に関してお話しをしてほしいと思ったからです。この法律は、今までは、「民間のアパートに住んでいて低所得者や高齢者でなかなか入居が難しい」という方を主なターゲットにしてきたんですが、今回の改正では「シェア居住」という考え方がいっぱい取り入れられており、具体的な条件が示されています。そのへんが何故なのかということを聞こうと思っています。

もう一つは、高齢者を一人でも入居させて、なんらかのサービスを提供した場合は、老人福祉法には有料老人ホームにあたると書いてありますが、では「家」であるホームホスピスではどうなるのかということで、このへんは伊藤さんに解説をお願いしたい。私が聞いているところでは、この住宅セーフティネット法によって、「住宅です」という登録をして、高齢者に限らず障害をもっている方とか低所得の方とか、

色々な条件の方を受け入れる場合は有料老人ホームの扱いとしないということが明文化されたと聞いています。

それからもう一つはスプリンクラー問題ですね。要介護3以上の高齢者が入居者の半数以上を占める場合、スプリンクラーを設置しなければならない。スプリンクラーは高額です。それも認定品でないとダメです。しかしながら、ちょっとした朗報だと思うんですが、実は住宅セーフティネット法として登録すれば、今回の新しい仕組みで、スプリンクラーの設置についてはその制度の中から改修費の補助を受けられる可能性が開けてきました。

そして最後に、用途変更ということで、このへんは先ほどの山口先生の話にもあった建築基準法について、伊藤さんは住宅局の局長さんですから建築指導行政は本家本丸なので、そのあたりを今日は、親友としてはさておき、ホームホスピス理事として、お聞きしたいという思いで参りました。よろしくお願いします。

改正された住宅セーフティネット法の概要と目的

伊藤 明子

サービス付き高齢者向け住宅の課題

床・室・戸

国土交通省住宅局長の伊藤でございます。今日は私のほうで、新たな住宅セーフティネット制度の話を中心にさせていただきたいと思います。

図1は、地域包括ケアでよく出てくる「植木鉢」の絵で、皆さんよくご存

図1 地域包括ケアシステムの構築

- 自分が支配できる空間であること、病院や施設ではない。
- 市場の中で供給され、選択ができる（比較・選択）
- 費用負担（住居費、管理費、食費、介護サービス費用、その他の生活支援サービス費用等）の明確化
- 賃貸借契約による消費者保護

図２　住宅とは何だろう

じと思うんですが、ここで言う「すまい」とか「すまい方」について、意外と議論されることがない。ちゃんとした器の中じゃないと、いい木が育たない。今日の「空間のもつ力」というのはそういうことだろうと思います。

そうしたなかで、園田眞理子先生は、先ほどからお聞きになられた通り言葉の魔術師ですが、以前、園田先生から「施設と住宅とは違うのよ」と言われたことがあります。人がどういう言葉でそれらを呼んでいるか、要は『床』あるいは『ベッド』と呼んでいるのか、『室』あるいは『ルーム』と呼んでいるのか、『住戸』と呼んでいるのかで、その人が何を見ているのかがだいたいわかるのよ」というふうに言われて、非常に衝撃を受けたことがあります。「『ベッド』と言う人は治療しているところの部位を見ている」と言うんですね。「室」は基本的に人だと。「戸《こ》」は人及びその周りの空間を含めて、場合によっては家族とか世帯、われわれは世帯を考えるときに「住戸」という言い方をします。「室」はどちらかというと「一人」というイメージが強いと思います。これは非常にわかりやすい。実は、私は課長のときに、サービス付き高齢者向け住宅の法律をつくった当事者なんですが、サービス付き高齢者向け住宅は本当は「戸《こ》」なんです。だけど何となく「室」と呼ばれているのは、やや私の思いとは違うかなと思っています。

では住宅というのは何だろうということですが、私自身は勝手に、自分が支配できる空間だと思っています。それからもう一つは、「措置」とかそういう誰かにあたえられるものではなくて、基本的には自分で選べる、市場のなかで選べるものが住宅ではないか。あと、やはり費用負担において、何にいくらを払っているのかがはっ

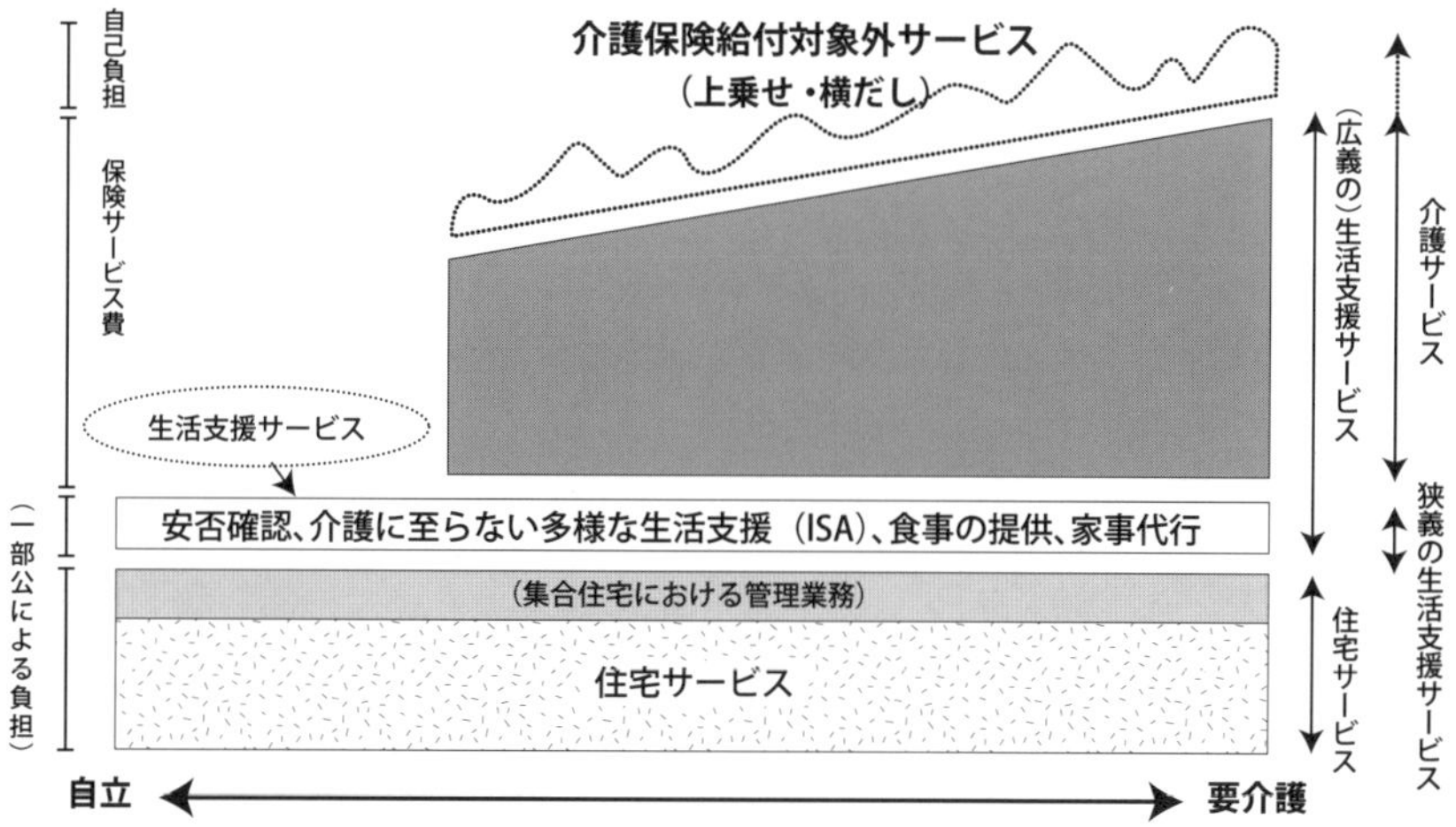

図３　住まいとサービスの関係（イメージ）

きりする。ということは、逆に言うと、市場で選ぶためには比べることができないといけないわけですから、自分が何に対して払っているかがわかっている状態にすることがとても大事だと思います。

　それから、何か間違って家から追い出されることがないように、「借地借家法」で守られることも大事ではないか、というふうに思って、サービス付き高齢者向け住宅をつくったわけです。

生活支援サービス

　実は住まいとの関係について、図３は上の部分が介護サービスになっていますが、何が悩みかといいますと、住宅サービスは国土交通省である程度考えることができます。上の部分の介護サービス、医療サービスみたいなものも、たぶん厚生労働省でお考えになることができる。難しいのはその間の「生活支援サービス」、要は先ほどの話で言うと、まさにビーイングのところです。横に居る、なんとなく居る、馴染みになる。こういう話というのは、ではどういう業務をすれば生活支援サービスになるのか、非常にわかりにくい。ですから報酬基準をつくるのがとても難しい。

先ほど山口先生がサービス付き高齢者向け住宅のことについて話されましたが、サービス付き高齢者向け住宅はこれ（生活支援サービス）を住宅サービスのほうに付ける形にしています。本当は、あれはサービス付きじゃなくて「見守り人付き住宅」なんですね、ケア付きでは決してありません。ただ、その見守り人というのは「セコム」みたいに何かあったら走って行くのではなくて、そこにいて、「顔色悪いけどどうしたのかな」とか、「そろそろこの人は介護保険を申請したほうがいいかもしれないな」とか、なんとなく「居る」ことが大事だと思ってこうした形をつくったのです。ところが、「呼んだのにすぐ来てくれなくて怪我した」などといろんな問題が出てきてサービス内容を明示しないとならなくなる。でないと、いろいろな事業者がいると必ずしもこちらの思いが届かない人もいるので、だんだんそうなってきたということだと思います。

全体をまとめて提供すると施設の中のサービスに含まれますが、バラバラにすると独立したものとして整理する必要がある。ここはどこからもお金が出ないので、「高い」といわれる原因になっています。

サービス付き高齢者向け住宅の今後の展開

いろいろな思いはありますが、サービス付き高齢者向け住宅は結果的に結構増えました。今後の課題を申し上げると、

①住宅としての魅力づけ――ただ、私自身の反省があって、これがセーフティネット住宅へとつながっているのですが、出来上がったサービス付き高齢者向け住宅は何となく変な言い方ですが、薬くさい空間といいますか、「つるんとした空間」と言えばいいのかもしれませんが、住宅であったはずなのに「住宅」という感じがしな

い。先ほど山口先生から言われたとおり、何か管理しやすい面が出すぎてしまって、ちょっと違うかなと思います。

②より所得が低い人への対応（高齢者以外との混住）――サービス付き高齢者向け住宅は高齢者向けとしてつくったものですから、「五十歳なんだけど……」とか、高齢者以外の人が混住しにくい。もちろんサービス付き高齢者向け住宅は一戸ずつでもできるようにしているので住棟単位である必要は全然ないのですが。また、もう一つ、より所得の低い人に対しての対応をどうするのかということが宿題としてあります。

③立地（まちなかに住む、地域の介護・医療力）――さらに、もう少しまちなかに住むとか、地域の介護力や医療力などを見極める必要もあるのではないかと思います。

④多様な選択肢の提示（自立から看取りまで）――もう一つは結果的に見ると介護型が増えました。別に排除しているわけではないのですが、今日、皆さんがお話しになったようなところ、自立から看取りまでが結果的にはできていません。

⑤費用負担能力を上げる――一番最後の「費用負担能力を上げる」というのは、よく「補助金を入れて家賃を下げる」という話が出るんですが、違うアプローチもある。実は今高齢者がお住まいになっている家、サービス付き高齢者向け住宅も含めて、そこに転居される前に、自分の家を人に売ったり貸したりしないでそのまま置いている方が結構いる。空き家のままです。その家を誰かに売ったり貸したりすれば、そこで収入がありますから、その人の費用負担能力が上がり次の転居した「家」に払えるわけですね。要はお金がちゃんと回るということです。そういう意味でいうと、まちなかの家を使うということは両方がウィン・ウィンになる可能性があって、とても大切なことではないかなと思うんです。これが私が申し上げている「負担能力を

上げる」ということなんです。大切なことだなと思っています。

新たなセーフティネット制度の枠組み

さて、セーフティネット制度はそういう背景のもとにつくったものですが、ヒトの課題からすると、いろいろ住宅でお困りの方はたくさんいる。モノについては、私たちは公営住宅もやっていますけれども、そんなに増えない。一方で、空き家は増えている。ですから民間の既存住宅を使って住宅のセーフティネットにできないか、という発想です（図４）。

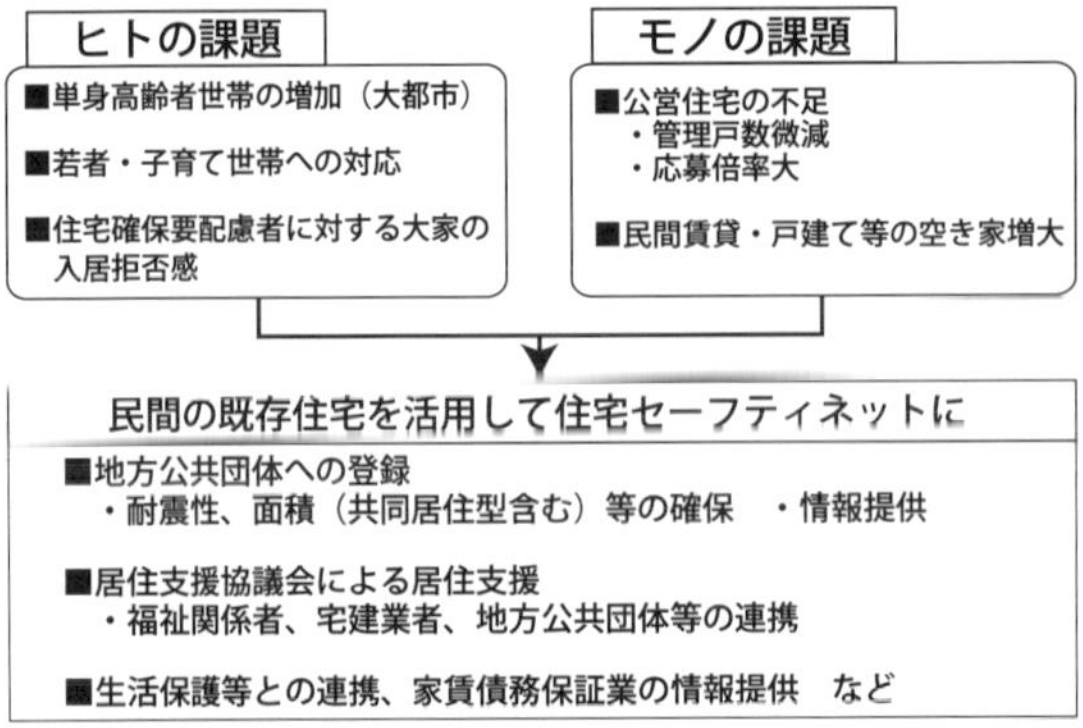

ヒトの課題
■単身高齢者世帯の増加（大都市）
■若者・子育て世帯への対応
■住宅確保要配慮者に対する大家の入居拒否感
モノの課題
■公営住宅の不足
・管理戸数微減
・応募倍率大
■民間賃貸・戸建て等の空き家増大
民間の既存住宅を活用して住宅セーフティネットに
■地方公共団体への登録
・耐震性、面積（共同居住型含む）等の確保　・情報提供
■居住支援協議会による居住支援
・福祉関係者、宅建業者、地方公共団体等の連携
■生活保護等との連携、家賃債務保証業の情報提供　など

図４　新たなセーフティネット制度の背景と概要

どういうものかというと図５に「住宅確保要配慮者」と書いていますが、住宅にお困りの方の入居を拒まない住宅の登録制度があって、「住宅にお困りの方だけに貸しますよ」と言っていただければ、改修費補助や家賃廉価化補助などを用意するという制度です。もう一つ、右側に「居住支援協議会」と書いていますが、先ほど私が申し上げた伴走や見守りなどはどうするかと、サービス付き高齢者向け住宅みたいに内側に付けないで、外付けにしてみたらどうかと考えたわけです。

そこを外の「居住支援協議会」にご協力いただけないかなという、やや緩い制度ですが、こういうかたちで地域資源を使うことによって、全部内側に抱え込むという格好にせずにできないかな、という発想です。

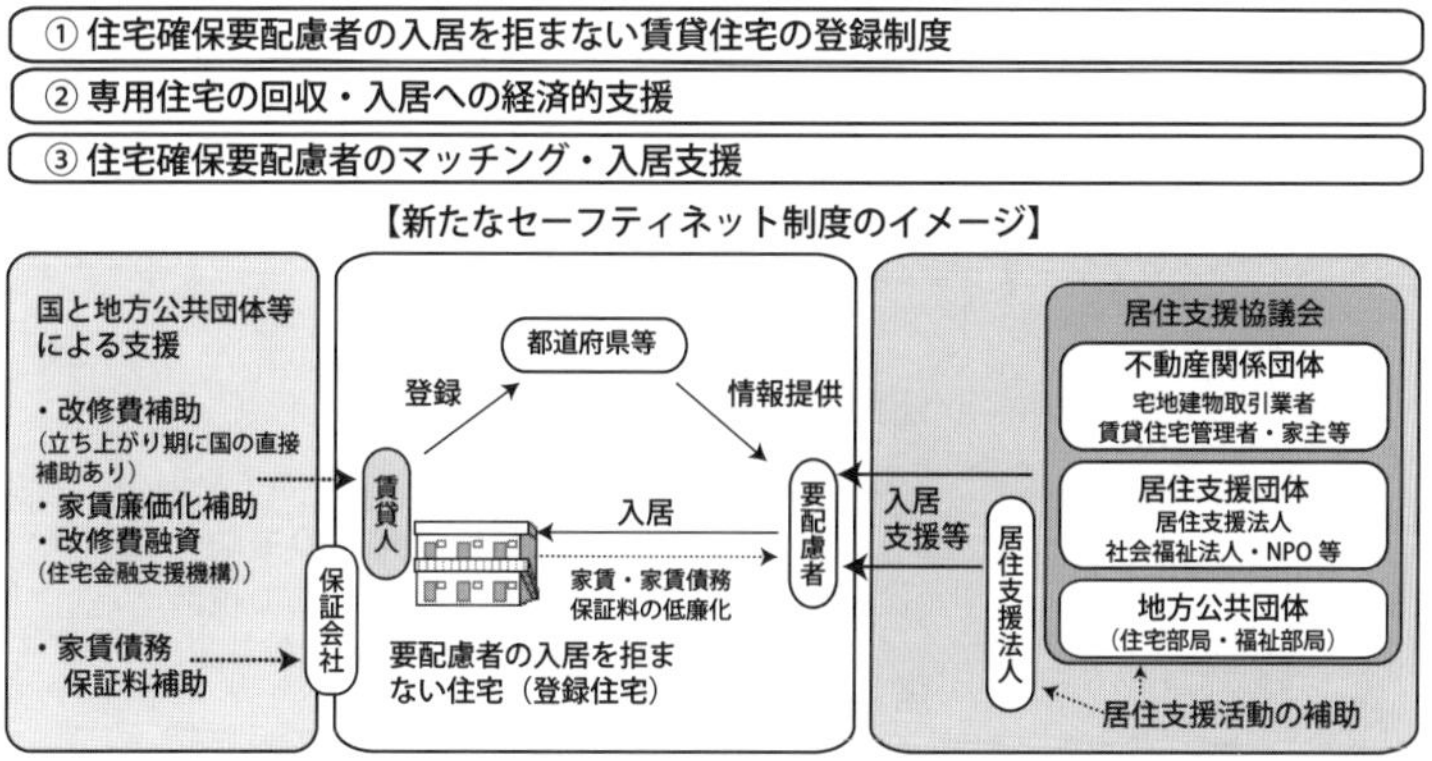

図５　新たな住宅セーフティネットサービスの枠組み

新たな住宅セーフティネット制度のポイント

住宅確保要配慮者の入居を拒まない住宅の登録制度というのは、図6を見てください。「①都道府県・市区町村で計画をつくってもらって、②入居を拒まない住宅を都道府県などに登録してください。そういったものについて、いろんなことをやります」という形式になっています。

では、都道府県・市町村が計画をつくるというのは、図7にあるよう

１．都道府県・市区町村による住宅確保要配慮者向け賃貸住宅の供給促進計画の策定【法律】
・国の基本方針に基づき、供給目標、施策等を規定
・住宅確保要配慮者の範囲
　- 高齢者世帯、障害者世帯、子育て世帯、被災者世帯
　- 低額所得世帯（月収 15.8 万円（収入分位 25%）以下）
　- その他外国人世帯等

２．賃貸人が住宅確保要配慮者の入居を拒まない賃貸住宅として都道府県・政令市・中核市に登録【法律】
※ 指定登録機関による登録も可能とする
・登録基準 － 耐震性能・一定の居住面積　等
※上記の供給促進計画により、登録基準の強化・緩和が可能
※共同居住型住宅（いわゆるシェアハウス）の面積等の基準を設定

３．都道府県等が登録住宅の情報開示・賃貸人の指導監督【法律】

図６　住宅確保要配慮者の入居を拒まない賃貸住宅の登録制度

計画の意義

①住宅確保要配慮者の数を把握（少なくとも議論することになる）
②住宅確保要配慮者の定義を追加できる（国の補助対象となる範囲の追加）
③登録基準（面積等）の緩和ができる

補助の概要

①改修費への補助（国直接／国・地方）
②家賃・家賃債務保証料低廉化への補助（国・地方）
③居住支援協議会・居住支援法人への補助（国直接）

居住支援法人のメリット

①公的な位置づけが得られる
②意欲的な入居相談や居住支援サービスの取組に対して、国から直接補助が受けられる
③家賃債務保証業者の登録（純資産額 1,000 万円以上等が要件）を受けなくても、住宅金融支援機構による家賃債務保証保険の対象となる

図７　新たな住宅セーフティネット制度のポイント

に、住宅確保要配慮者の数を把握するということと、それから「住宅確保要配慮者」とはどういう人かということを、場合によっては追加できるとか、基準を変えられるとか、そういう効果があります。

登録住宅というのは要配慮者の入居を拒否しないだけで、要配慮者専用ではありませんが、補助するのはこの専用住宅だけです。そのときには改修費の補助と、家賃等々の補助、これは公共団体がお付き合いしてもらわないといけないのですが、そういう補助を用意できます。登録住宅全体、拒否しない住宅であれば他に、家賃債務保証業者に対する保険などいろいろなものが用意されています。

住宅確保要配慮者の範囲

住宅確保要配慮者は誰かということですが、図8です。低額所得者、被災者、高齢者、障害者、子どものいる世帯、住宅の確保に特に配慮する者、外国人とか書いていますけど、住宅にお困りの方は誰でも対象にし得る制度になっています。例えば、難病のお子さんがいらっしゃって、その家族を「住宅にお困りの人」にしたいということがあるかもしれません。そういう場合は、都道府県や市区町村が、計画に書いてもらえれば、その人を

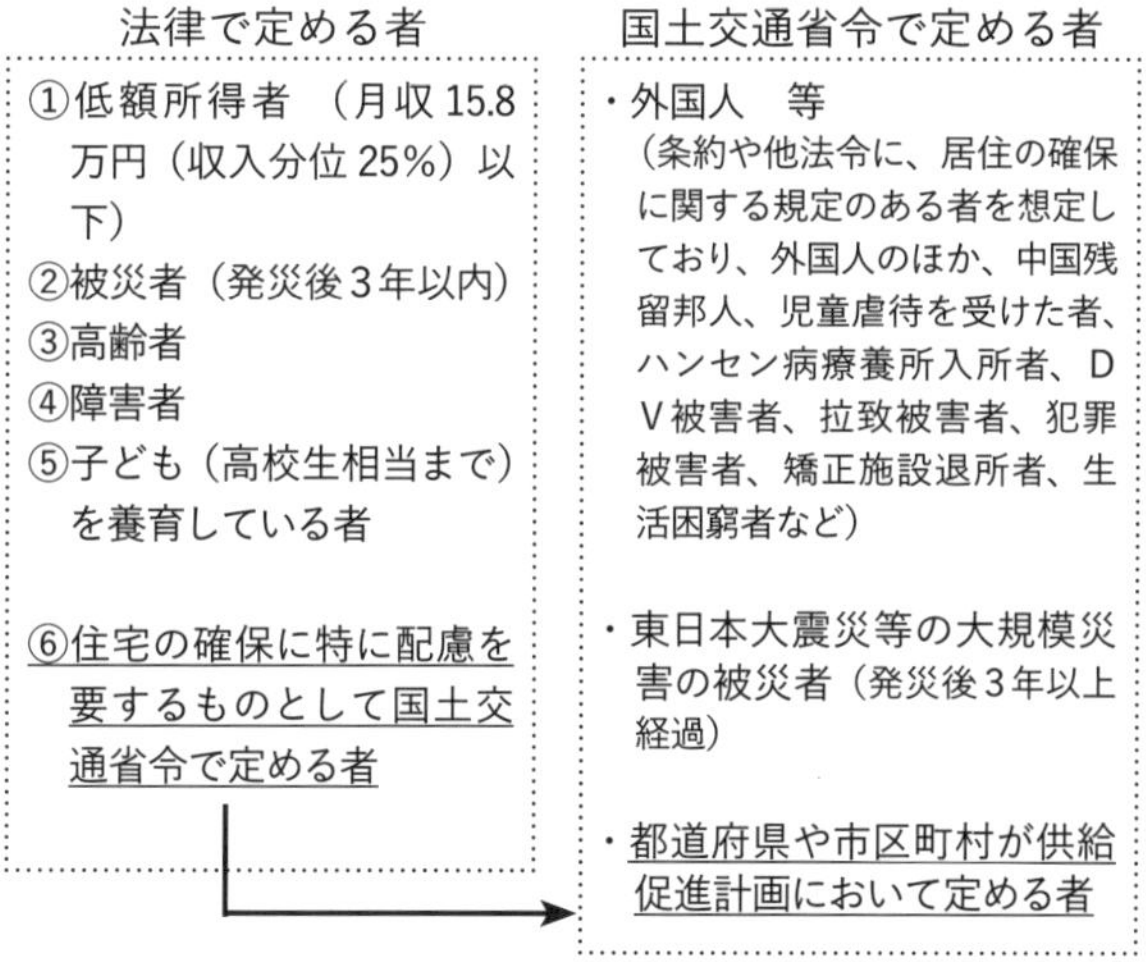

法律で定める者	国土交通省令で定める者
①低額所得者 （月収15.8万円（収入分位25％）以下） ②被災者（発災後3年以内） ③高齢者 ④障害者 ⑤子ども（高校生相当まで）を養育している者 ⑥住宅の確保に特に配慮を要するものとして国土交通省令で定める者	・外国人 等 （条約や他法令に、居住の確保に関する規定のある者を想定しており、外国人のほか、中国残留邦人、児童虐待を受けた者、ハンセン病療養所入所者、DV被害者、拉致被害者、犯罪被害者、矯正施設退所者、生活困窮者など） ・東日本大震災等の大規模災害の被災者（発災後3年以上経過） ・都道府県や市区町村が供給促進計画において定める者

図８　住宅確保要配慮者の範囲

「住宅にお困りの人」に追加できます、というふうに制度的にはなっています。ちなみに低額所得者というのはたぶん単身世帯で三百万円くらいですから、そんなに驚くほど低い低額所得者ではないと思います。

ちなみに、その専用住宅というのは、「高齢者だけ」とする必要はなくて、「うちは障害者も高齢者も低額所得者も対象にします」と書いていただければ、たぶんホームホスピスのほうで受け止められようとしている人たちはカバーできるのではないかと思います。「ホームホスピスを必要とする者」と位置付けるというのでなく「低額所得者」、「高齢者」、「障害者」などを受け入れるという形にしていただければいいのではないかと思います。

有料老人ホームの適用について

では、有料老人ホームについてやや実務的な話をしますと、これは厚労省と、国土交通省の担当が少し整理をしたものですが、入居者の資格を高齢者のみに限るものについては、一定のサービスを提供する場合に老人福祉法の有料老人ホームに該当します。ですから、住宅確保要配慮者用賃貸住宅の場合、先ほど申し上げた低額所得者、高齢者、障害者等々の複数の旗を立てていただくことによって、いわゆる高齢者専用であるという有料老人

施行通知〈地方公共団体向け〉

住宅確保要配慮者専用賃貸住宅のうち、入居者の資格を高齢者のみに限るものについては、一定のサービスを提供する場合に老人福祉法（昭和 37 年法律第 133 号）の有料老人ホームに該当し、同法第 29 条第 1 項に基づく届出が必要となる場合があることから、登録申請の際に申請者に対して情報提供を行うとともに、必要に応じて都道府県等の福祉部局に相談するように促されたい。

Q＆A〈地方公共団体向け〉

問　住宅確保要配慮者円滑入居賃貸住宅や住宅確保要配慮者専用賃貸住宅において、高齢者に加え、障害者や低所得者など高齢者以外の要配慮者を受け入れることとしている場合、登録申請の際に、有料老人ホームに該当する可能性があるものとして、都道府県等の福祉部局に情報提供する必要があるか。

答　高齢者以外の者も当然に入居できるものについては、福祉部局への情報提供等は必要ありません。

図９　有料老人ホームの適用に関する通知・Q＆A

ホームには、基本的には該当しない。ただ、実質的には「高齢者しかはいれない」という感じであれば、「ちょっと違うからね」とは厚労省から言われているのですが、こういう通知を出していただいています。

私たちのほうはそれをQ＆Aで公共団体向けにして、高齢者に加え障害者や低額所得者など高齢者以外の住宅確保要配慮者を受け入れることとしている場合に、必ずしも都道府県の有料老人ホームの担当に申告しなくていいと、セーフティーネットの登録を受ける部局に対して通知を出しています（図９）。

有料老人ホームに該当すると、居室の最低面積も基本的にガイドラインだと一三平米なので、おそらくシェア型からするとすごく厳しいというふうになると思いますので、そういう整理をしました。

住宅の登録基準（図10）

その上で先ほどのシェア型の話です。登録基準は基本的に二五平米以上としています。これは住宅の最低居住水準がそうなっているからなんですが、ただ先ほど園田先生が言われたように、共同居住型、いわゆるシェア型の基準をつくりました。

右側に「一五平米×Ｎ＋一〇」と書いてあります。ちなみに四人家族

登録基準

○ 規模
・床面積が一定の規模以上であること
※ 各戸 25㎡以上
ただし、共用部分に共同で利用する台所等を備えることで、各戸に備える場合と同等以上の居住環境が確保されるときは、18㎡以上と定める予定
※共同居住型住宅の場合、別途定める基準

○ 構造・設備
・耐震性を有すること
・一定の設備（台所、便所、洗面、浴室等）を設置していること

○家賃が近傍同種の住宅と均衡を失しないこと

○基本方針・地方公共団体が定める計画に照らして適切であること　等

共同居住型住宅の基準

○ 住宅全体
・住宅全体の面積
15 ㎡ × N ＋ 10㎡以上
（N：居住人数、N ≧ 2）

○ 専用居室
・専用居室の入居者は１人とする
・専用居室の面積
９㎡以上（造り付けの収納の面積を含む）

○ 共用部分
・共用部分に、居間・食堂・台所、便所、洗面、洗濯室（場）、浴室又はシャワー室を設ける
・便所、洗面、浴室又はシャワー室は、居住人数概ね５人につき１箇所の割合で設ける

※地方公共団体が供給促進計画で定めることで、耐震性等を除く基準の一部について、強化・緩和が可能
※１戸から登録可能

図 10　住宅の登録基準

タイプ（国の基準）	共同居住型【１人専用居住９㎡、全体（15N ＋ 10）㎡】
東京都	１人専用居住面積 :7㎡以上　住宅全体面積：（13 ×居住人数＋10）㎡以上
大阪府	１人専用居住面積 :7.5㎡以上　住宅全体面積：（13.5 ×居住人数＋10）㎡以上
岐阜県	定員（ひとり親世帯の場合）：各居室部分の床面積÷ 9㎡」人
福岡県、福岡市	平成 17 年度以前に着工 １人専用居住面積 :7㎡以上　住宅全体面積：（13 ×居住人数＋10）㎡以上
長崎県	１人専用居住面積 :7㎡以上　住宅全体面積：（13. ×居住人数＋10）㎡以上

図 11　共同居住型の面積基準等の緩和の状況

の最低居住水準というのは、普通は「一〇平米×四＋一〇」、五〇平米なんです。それに比して、シェアハウスの場合は、全体は少しゆとりもたせてくださいということです。なぜかと言えば、他人だからです。

「一五平米×N＋一〇」ですから、四人だと七〇平米ですね。だけど、一室は九平米、これは六畳です。押し入れなど込みで六畳です。だいたいこれであれば、一人がそれなりにきちんと独立して生活できるという空間のチェック、もう一つは、今、世の中にある住宅の居室の八〜九割はだいたい六畳くらいです。ですから、そういうふうにしてもらえればいいのではないかと考えました。共用部分については、さすがに五人に一人、家族で言うと五人に一つくらいは設備を用意してくださいと。ですから、普通の住宅をシェアにしやすいような基準にしたつもりです。

ただし、耐震性は確保してください。耐震性は緩められないんです。でないと、われわれも補助がしにくくなります。あと、家賃はぼったくりはやめてください（会場笑）。いわゆる貧困ビジネスみたいな、悪い貧困ビジネスですね、そういうふうになると困ります。

公共団体が、この面積基準をもっと下げてもいいよ、あるいは大きいほうがいいなどと計画に書けば、上げたり下げたりできます。耐震以外の基準の緩和はできます。この制度自体をホームレス支援などで使いたいと言っている方もいらっしゃるので、東京都などはもっと下げないと、といった検討をすると聞いています。

その一方で、大家さんのインセンティブとしては、改修費補助を用意しています（図12）。基本的には国が三分の一、地方公共団体が三分の一の改修費補助です。限度額は国費が五十万、ただしシェア型の場合は百万円。ちなみに「百万円って一戸の住宅で？」と思われるかもしれませんが、シェアの一部屋一部屋を一戸の扱いでカウントできるので、仮に五部屋あれば工事総額で一五〇〇万が限度です。改修工事で一五〇〇万はかなり高額なので、通常であればたぶん大丈夫です。

基本の補助率は国と地方公共団体が三分の一、三分の一なんですが、制度が始まって三年間は、オープニングセールではありませんが、「立ち上がり支援」と称して、国だけが単独で補助できる制度にしてあるんです。ですから、われわれはこの時期にいいモデルをつくって、こんないい形なので公共団体も制度をつくってくださいと進めていかないといけないと思っています。

1．専用住宅等の改修に対する支援措置
（補助を受けた住宅は専用住宅化）
① 専用住宅に対する改修費補助【予算】
②（独）住宅金融支援機構による登録住宅に対する改良資金融資等【法律・予算】

2．低額所得者の入居負担軽減のための支援措置【予算】
（専用の住宅として登録された住宅の場合）

補助対象工事	バリアフリー工事、耐震改修工事、用途変更工事、防火・消火対策工事等
補助率	【補助金】：国 1/3（制度の立上り期、国の直接補助） 【交付金】：国 1/3 ＋ 地方 1/3 （地方公共団体が実施する場合の間接補助）
入居者要件等	入居者収入及び家賃水準（特に補助金）について一定要件あり

補助対象	① 家賃低廉化に要する費用（国費上限2万円／月・戸） ②入居時の家賃債務保証料（国費上限３万円／戸）
補助率	国 1/2 ＋ 地方 1/2（地方が実施する場合の間接補助）
入居者要件等	入居者収入及び家賃水準（特に補助金）について一定要件あり

図 12　専用住宅の改修・入居への経済的支援

実は家賃対策補助という形で家賃を下げる、大家さんを補助するということもあるんですけど、これは公共団体が補助する前提です。補助金を長期にわたって出すというのは公共団体は相当しんどいと思います。ですから例えば子育てのときだけであったり、この一時期だけ、「三年間に限って」「五年間に限って」という期限付きであれば取り組みやすいと思います。ずっと補助金を出し続けるのは公共団体にとっては相当負担になりますから。期待できるかというと、公共団体の今の感じで聞くとちょっと限界があるかなと思います。

住宅確保要配慮者専用の住宅に係る改修費用に対して補助を行う

	国による直接補助 【スマートウェルネス住宅等推進事業の内数】	地方公共団体を通じた補助 【社会資本整備総合交付金の内数】
事業主体等	大家等	
補助 対象工事等	・共同居住住宅に用途変更するための改修・間取り変更・耐震改修・バリアフリー改修工事・防火・消火対策工事、子育て世代対応改修工事 ・居住のために最低限必要と認められた工事 ・居住支援協議会等が必要と認める改修工事 ＊上記工事に係る調査設計計画（インスペクションを含む）も補助対象	
補助率・ 補助限度額	国１／３	国１／３＋地方１／３
	国費限度額； 50 万円／戸 ＊共同居住のための改修、間取り変更又は耐震、防火・消火対策、子育て世帯対応改修工事を実施する場合 100 万円／戸	
入居対象者	・子育て・新婚世帯、高齢者世帯、障害者世帯等 ・低額所得者（月収 15.6 万円〈収入分位 25%〉以下） ・被災者世帯　等	・子育て・新婚世帯、高齢者世帯、障害者世帯等（月収 38.7 万円〈収入分位 70%〉以下） ・低額所得者（月収 15.6 万円〈収入分位 25%〉以下） ・被災者世帯　等
家　賃	・公営住宅に準じた家賃額以下であること。 ＊例　東京都文京区；6.7 万円　大阪市；6.4 万円　静岡市；5.4 万円　青森市；4.4 万円	・近傍同種の住宅の家賃の額と均衡しない額であること。
その他 主な要件	・要配慮者専用住宅としての管理期間が 10 年以上であること。 ・情報提供やあっせんなど居住支援協議会等との連携が図られていること。	

＊その他、住宅金融支援機構による登録住宅に対するリフォーム融資等がある。
＊補助金は平成 31 年度までの時限措置。

図 13　改修費への支援

改修費用に対しての補助

この制度は図13を見てください。このなかで、園田先生のおっしゃった、この共同居住用住居に用途変更するための改修、間取り変更、耐震改修、バリアフリー改修工事、防火・消火対策工事・子育て世代対応工事、居住のために最低限必要と認められた工事等々と書いていますけれど、それが最後に申し上げたものです。限度額は百万円です。

ただ国が直接補助する場合は、「家賃をあまり高くするのはやめてください、国が直接補助してるんだから」という形になっています。それがどんなものかというのは、細かい数字は入れていませんが、東京などの一部を除いては、生活保護世帯の二人の住居費負担よりは高いものに設定されているので、そこはチェックしてもらえれば、あるいは私どもに聞いてもらえればと思います。だいたい月額五万とか四万とか三万円とか、そんなに「低すぎて大変」ということはないと思います。

ただし、補助金を受けたら「十年間は専用としてください」としていますので、そういうリスク管理の意味でも、対象とする世帯属性は一個だけじゃないほうがいいですね。なぜかというと、高齢者が入らないなというときに低額所得者を入れられるとか、子育て世帯に入っていただくとかしたほうがいいかもしれない。そこはよく考えて、やっていただくほうがいいと思います。

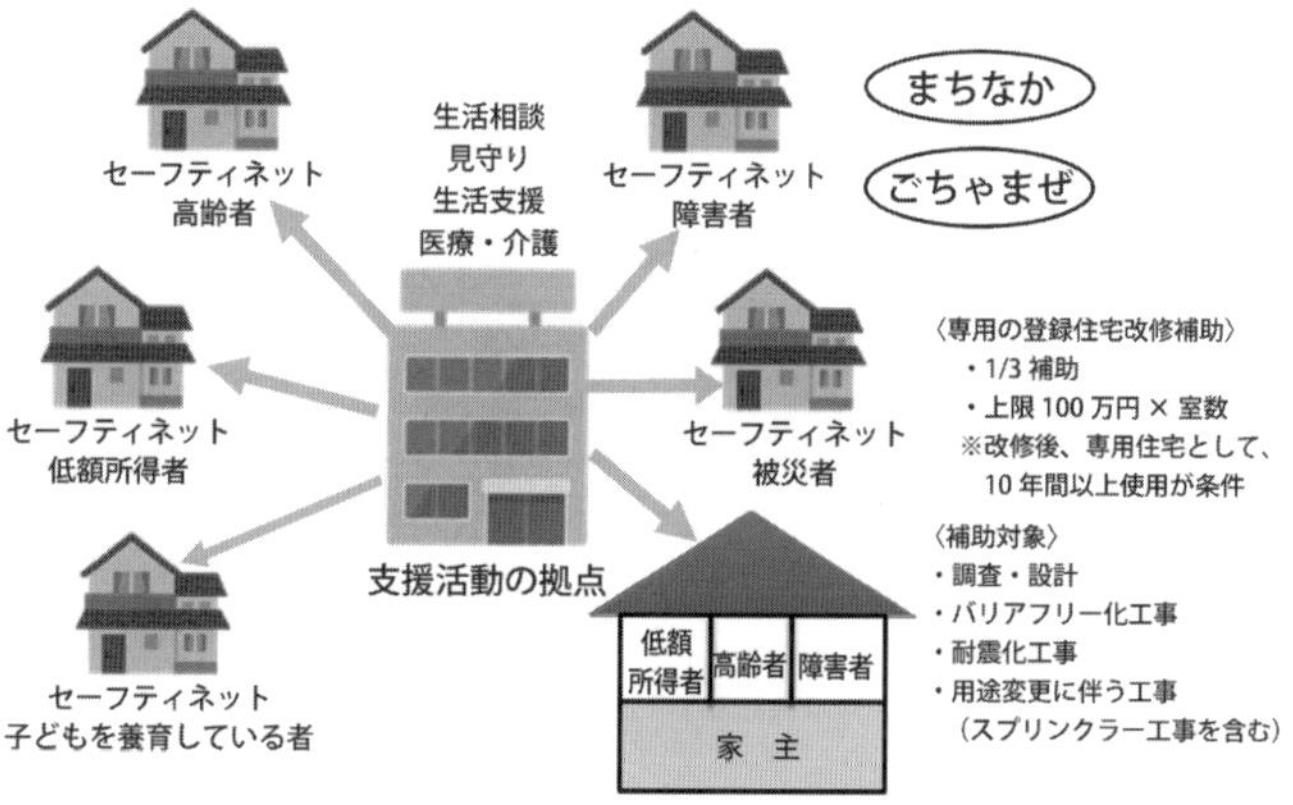

図 14　セーフティネット住宅を活用したまちづくり例

セーフティネット制度を活用する

ちなみに今のイメージはこんな感じです（図14）。この絵を描いたのは別に全部がセーフティネット住宅である必要はないですよ。一階は大家さんが住んだり、事務所にしてもいいし、職員が住むのもあるでしょうし。上階のところだけ登録していただく、ということも制度的には可能です。

そこにありますように、専用の登録住宅の改修費補助は、三分の一補助で上限百万円×室数、そして十年以上は使ってください。用途変更工事にはスプリンクラー工事を含みますというのが、先ほど園田先生のおっしゃった話で、補助の対象になるということを私どもも明記して、いろいろな説明会でご説明しているところです。

ちなみに空間力の話で言うと、やはり馴染みの空間、自分の生きてきた歴史の空間というのは非常に大事。図15は、いわゆるクールジャパンの類のパンフレットなんですけど、障子やこういう空間って、私たちがなごむところがあると思うんです。こういう空間を使うことも大事ですし、もう一つは、やはり空き家を使うということ。もともと誰かが住んでいたところですから、比較的まちなかでお住まいいただけますし、先ほど申し上げたように、いろんな属性の人を入れてごちゃまぜにすることもできるのではないかなと思います。必ずしもこういう格好でなくてもいいんですが、活動の拠点があって、周りにこういうものがあると、この制度を使ったまちづくりをわりとしやすいのではないかと思っております。

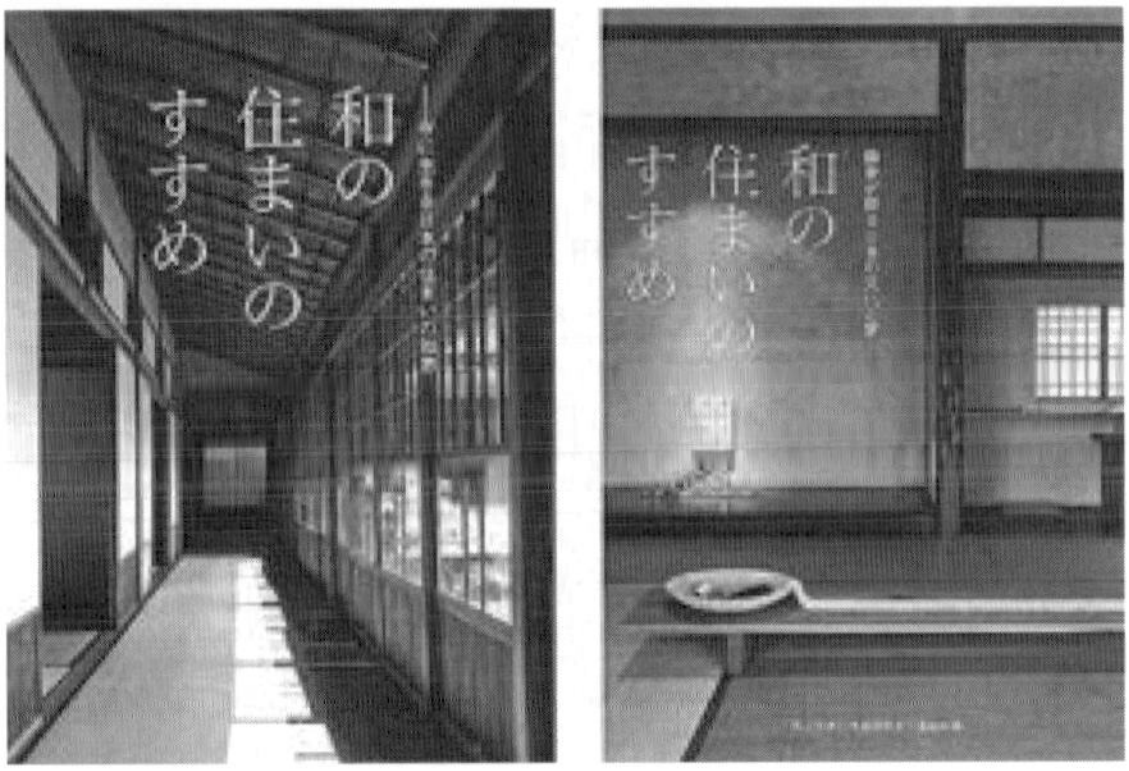

図 15　和の住まいのイメージ

戸建て住宅をシェア利用するために

最後に、図16を見てもらっていいですか。戸建て住宅をシェアに変えた場合に、スプリンクラー等々の防火系の規制が非常に厳しくなることがあります。この間、階段の勾配基準も緩和する告示を出しました。それから間仕切り壁の防火基準等々についても非常に厳しいという話があったのでいくらか緩和しているところですが、ただ、これでも厳しいんじゃないかというご意見はあるとは思います。

そうした観点から今、建築基準法の改正を目指して審議会にて検討しておりまして、このなかでは、こういう既存ストックを活用するという観点から、わりと小規模な、ちょうど戸建住宅程度の二〇〇平米かつ三階以下の

○ 通常の戸建住宅の場合（次の条件をすべて満たすものを想定）＊1
階数：３以下／延べ面積：200㎡未満／２階の床面積：100㎡以下
３階の床面積　：100㎡以下／各居室から階段までの距離：30 m以下

	シェア利用後の位置付け			戸建住宅
	若年者向け	高齢者等の避難弱者向け		
	寄宿舎	グループホーム	有料老人ホーム	
間仕切壁の対応	次の①～④のいずれかに適合させる ①間仕切壁の強化 ②スプリンクラーの設置＊2 ③連動型住警器を設置して、避難が容易な構造のもの ④強化天井の設置			適用外
階　段	次のいずれかに適合させる 〈勾配46°以下〉 ①蹴上げ：22cm以下、　踏面：21cm以上 　＋片側手すり 〈勾配50°以下〉 ②蹴上げ：23cm以下、　踏面：19cm以上 　＋両側手すり、かつ滑り止めの設置＊3			〈勾配57°以下〉 蹴上げ：23cm以下、 踏面：15cm以上 ＋片側手すり
主要構造部＊4の耐火要求、非常用照明の設置	（３階にシェア利用部分がある場合に適用）			適用外

＊１：木造住宅を有料老人ホームとして転用する場合で、シェア利用部分の居室面積のみで50㎡を超える階には、２以上の直通階段の設置が必要。
＊２：グループホームや有料老人ホームについては、消防法の規定により、スプリンクラーは原則として設置されるため、この場合は実質的に対応済みとなる。
＊３：告示改正により、両側手すり＋滑り止めを設置した場合には、一般的な住宅における階段の勾配（約50°以下）のままで転用することが可能となった（平成29年9月26日公布・施行）。
＊４：壁、柱、床、梁、屋根又は階段のこと。

図 16　戸建住宅をシェア利用する場合の改修の必要性（現行制度）

ものなどは、用途の変更が比較的自由になるように、防火の規定について少し見直しをしようと思っています。

　戸建住宅等の小規模建築物を用途変更するにあたり、在館者の迅速な避難の確保を前提としているのは、「寝ていて気づかなかった」という状況は問題なので、ちゃんと起きて避難できるように、警報設備などを付けてもらうことを前提に、柱・梁等の主要構造部に対する防火規制の合理化や、用途変更に伴う手続きの簡素化を検討しているものです。用途変更の手続きについては、園田先生が先ほど一〇〇平米の建物の用途変更で確認申請を出さなきゃいけないとおっしゃっていましたが、この点も見直しをしようということで検討しております。次期通常国会を目指して整理中です（二〇一九年現在は成立、施行。図17 一四八ページ参照）。できるだけまちなかで、いろんな人のなかに混じって、それを今までの歴史ある空間、人が生きてきた記憶のある空間で住まっということに関して、セーフティネット住宅自体は、かなり柔軟に対応できると思っておりますので、ぜひ使っていただきたいと思っている次第です。

サービス付き高齢者向け住宅もそうでしたが、やはり幅広く受け止めるために制度を幅広くつくると、若干、こんなものができてしまうのかということがあって、このシェア型も正直言って怖いです。だって今まで住宅行政というのは、できるだけ設備共用はやめよう、一個一個の部屋を広くしようというのが住宅の質の向上だったんです。それがある意味で逆転しているので、「ひどいじゃないか」と言ってくる人も現にいます。

ですから、いい形でこれが育っていくことが、これはいい改正だったんだと私どもが思える。ぜひそういうかたちでお使いいただければと思います。ご清聴ありがとうございました。

自分を取り戻す場所

市原：ありがとうございました。お二人の方に最先端の状況をお話しいただきました。これに関しまして、山口先生、いかがですか。

最低基準が最適基準とされないために

山口：最先端の話をうかがって、皆さんも興味深く聴かれたと思います。セーフティネット住宅として登録を受けるかどうかという話の前段に、少し制度と建築の問題をご紹介させてもらいます。

私は特養（特別養護老人ホーム）とか、サ高住（サービス付き高齢者向け住宅）の研究を行ってきました。特養ではユニット型に到る過程の中でいいモデル事例がたくさん出てきました。その後、制度化され基準ができると、モデル事例の良さが剝ぎ取られた、基準だけを満たした建物が増えてきます。つまり最低基準が最適基準と読み替えられて、最低限の質の建物が世の中に普及していったのです。建築基準法というのはあくまでも一番底辺にあり、そこから頑張っていいものを考えてつくってくださいね、という最低基準です。ところが福祉施設の基準になると最低基準が最適基準とみられている風潮がある。そこを変えていかないと、制度化＝決まったカタチになってしまう。

そのためにも、ホームホスピスがセーフティネット法の仕組みを使うとなったときには、基準さえ満たせばいいんだ、ではなくて、自分たちが求める住まい方は何なんだということをまず考えてもらいたい。その上で、どのくらいの広さが要るかを考え、結果として最低基準を満たしている、という方向に持っていかなければならない。制度だけを見るのではなく、理念を見据えた上で建物を考えていただきたい。

もう一つ、私がホームホスピスで大事だと思っているのは、マギーズもそうですが、自分たちで独自基準をつくるというところです。それは数値ではなく、マギーズであれば心地よい風が入ることや中庭があることなど、空間の質に関する基準がつくられている。国が決める数値上の基準は最低レベルとして位置づけ、そこに各協会や団体などが自分たちはこうあるべきという基準を乗せていく、そのような仕組みにしていかないと、まさに先ほど伊藤局長が怖いとおっしゃられたようなことが起こるんじゃないかと思います。まずは、自分たちで独自基準をつくるということを大事にしていただきたいと思います。

市原：ありがとうございます。ある意味、私たちがやっていること、たぶん秋山さんもそうなんですが、課題に対してどうしようと思ったときに、自分たちで「これでやってみよう」と思って、走りながら、歩きながら考えて、でもやってみないとわからんわ、でもやってみたからこんなことがわかったよ、ということがたくさんありながら、なんです。

そういう意味では、今おっしゃった、いわゆる行政がつくった制度は最低基準だと。そこを私たちのなかでとらえないと、制度をクリアするためにどうしたらいいか、となってしまうかなと思うんですけれど。

制度の限界

伊藤：おっしゃる通りで、役所の基準自体は、あまりにひどいことができないようにする。そこで、人が亡くなるようなことがあったら困るという観点がメインです。あとはできるだけ情報開示をして選んでもらうということですが、それがなかなか難しい。何を情報開示したら、どれを見たらいいのかわからないので、先ほど山口先生がおっしゃるように一種のブランド化というと悪いのかもしれませんが、例えば、ホームホスピス協会の基準を通してチェック。そういうものがあると安心です。そういう選ぶための軸がなかなか難しいので、こういうことをやってもらうといいのかなというのが一つ。

もう一つは、役所の制度の限界というのは、私はいつも思うんですけど、香りや文化は薄まります。どうしても役所というのは数字で、誰もがわかる客観的なものでつくらないといけない、公平に、中立的にやらないといけない。だから市原さんがやっているところならいい。誰々さんがやっているところはぼったくりだ、みたいなところが本当はあるわけです。だけど、なかなかこれはわからない。チェックができない。そうすると非常にやりにくいところがあるので、さっき先生がおっしゃった通り、役所のあり方では文化や香りなどがなくなるのに対して、どういう見方をしていったらいいのかというあたりをもう少し発信していただくと、いろいろな展開ができるかもという気がしています。

市原：基準というのではなくて、なんというか、五感で測るというようなことを言ってくださったと思いますが、秋山さん、いかがですか。

五感を取り戻す

秋山：そうですね。園田先生が「五感に訴える」と言われたことに関連する話です。ちょっと話がずれるんですが、マギーズで活動する相談員の人たちのゼロ期研修というものがあって、病院のなかで監禁されて五感が麻痺している看護師から五感を取り戻すというワークショップなんです。そして、プラス、話をよく聴くためにはどうしたらいいかという、自分のなかの様々な感覚をもう一度呼び覚まして人の話を聴けるようにというトレーニングのワークショップを実施しました。

それがすぐに役に立つかは別としても、そのへんのところは、実を言うとケアの本質なのかなと思っていて、そこはかなりリンクすると思って聞いていました。

園田：質問していいですか。今の話で「五感を取り戻す」ですよね。だけど、「五感」というとなんとなく、理系とかサイエンスだと、視覚、嗅覚、聴覚、それらをまた一つずつ分解して、耳に聴こえるのは、目に見えるのは、となります。そうではなくて、「五感」ってそれらをトータルで、実は第六感みたいなものが感じられるのかどうかというのが「気配」だと思うのですが、そのへんは看護師さんが「五感を取り戻す」というときに、その総合性はどうしているのかとても興味があります。

秋山：一個ずつの感覚についてどうこう言っているのでなくて、そういう五感を呼び覚ますワークショップをした後で、振り返りをみんなでして、そこでディスカッションを重ねながら、自分のなかでちょっと失われつつあった感覚をもう一度見直してみて、今度人と接するときに、もう少しそのへんを気を付けながら、単なる言葉を発するのではなくて、もう少し感覚を総動員した上で話を聴こうというふうな形になるので、トータルですね。

園田：実は建築の設計も同じなんですね。建築屋さんが何で食べていくかというと、階段の勾配や廊下の幅は、全部個別部分解で基準が決まっているんです。それは絶対守らなきゃいけないというので、一級建築士の試験を受けるときに一番点がとれるのは法規で、こんな分厚い法令集が持ち込み可なんです、あまりに分厚いので。それを一個ずつクリアしていって、実は図面を描くときには必要条件として、部分部分で解いていかざるを得ないんですが、部分解は優れた統合解にはならないんですよ。結局は、へたくそな設計になってしまい、キングギドラみたいになってしまう。

だから、先ほどの最低基準とかそういうことは、科学というか、近代は全部分解してものごとを考えるので限界があります。私は悪玉コレステロールがすごく高いんですが、「でも善玉も高いけど」と言うと「ダメです」と言われる。そうやって一個ずつ計測していくとダメダメがいっぱいあるけれど、トータルでは全然困ってない。かえって美味しいものを食べて楽しんでいたほうが精神的にはとてもいい。

それと同じで、実は建物というのは統合解なので、私は学生に宇宙船を設計するようなへたくそな設計をするなと言うんですけれど、建物って、絶対に地べたに着地しているんですね。どこに着地してもいいような家って本来はあり得ないわけで、そうすると周囲の環境との関係性みたいなこと、だから家には背景があるんです。そのなかに家があって、「かあさんの家」もそうだと思うんですが、どこから風が吹いてくるのか、どこから光が入ってくるのか、どこから音が聞こえるのか。四軒とも全部違う。質の良さって全部違うんじゃないでしょうか。

市原：ホームホスピスは暮らしのなかで最後まで生ききる住まいですよね。そういう意味では、やっぱり五感を感じて、どうやってここで暮らしていくのかというときに苦労するのは、そこだと思います。家というのは、陽射しがどこに差して、ここにみんなが集まって住むのに一番居心地のいい場所、というところを中心にもってきているのではないかと思います。そういう意味では今日、建築も同じなんだなと。環境を考えていく場合に、五感でとおっしゃいましたけど、普通、家にいるときって当たり前に五感に沿って暮らしていると思うんですね。家という空間の中で。

五感を取り戻すワークショップをされているということですが、それはやっぱり高齢の方が、例えば病院に急に入院したり、そうなると阻害される環境因子が山のように出てきて、その人の五感が全部閉ざされてしまう。環境から影響を受ける、そういうのがある。それを見ている看護師さんたちもそこに気付かない、ということなんでしょうか。

管理という進化

秋山：そうですね。ついこの間、新しくなった順天堂大学に行ったら、安全管理のためだと思うのですが、ひねる蛇口がなくて、人感センサーで作動してお湯が出てくるけれど、熱いお湯が出ないんですよ。たぶんどこか設定を変えたら熱いのが出るんだろうけどそれがわからなくて、熱くならない。私は何か、「ああ、管理に重きを置いてすべての基準が決められたらこうなるな」と思ったんです。

そのとき、私としては熱いお湯でタオルを絞って、ケアで使いたいなと思ったのですが、熱いお湯が出る蛇口がないんですよ。ラウンジには大抵電子レンジがあると思ったらそれもない。病棟中をぐるっとまわって探したけど、ひねる蛇口がない。入院日数が短縮してあまり病棟にいないから、これで火傷をして事故を起こしたら困るからなのか、病院建築って、そうなったんですか。

個室で綺麗なんだけど、なんだろう、個別のニーズに合わないように管理されている感じがしました。だから、そのへんの基本的な意識の基準と、ホームホスピスの意識の基準はそういう意味では違う。ですが、そこに最低限の安全基準が要る。ですから、このようなセーフティネット法を緩く上手に利用しながら、最低限の耐震は入れたにしても、「緩やかな基準」というのはすごくいいと思いました。管理に走るのはどうかなと思ったんですけど、どうですか。

伊藤：その辺が面白くて、日本の設備って、最近だと蛇口もなくセンサーで、お風呂なんかもサーモスタットで動くのがありますよね。アメリカではあまりそうはならない。自分でお湯と水を調整してくださいというのが多い。「なんで？」と訊くと、向こうはサーモスタッドの性能が悪い、それに、もしもサーモスタットが不具合で熱湯が出たときにはメーカーが訴えられてしまう。だから、自己責任で調節してもらう。

昔はお湯と水で自分で調整していたじゃないですか。でも今は四十一度と設定すれば四十一度で出てくると思っている。日本はそういうふうな進化の仕方をしていて、それがサービスなわけです。そのうちＡＩで、その人の体調を見て、この人は熱い湯がいいとか判断される、本当にそうなると思いますよ。たぶんそういう進化の仕方になる。日本は技術的にそれができてしまう。自己責任がないように、ある意味でいうと、自己決定の部分がだんだん減ってきて、そうすることがいいことだと考える。だから逆に言うと、いまおっしゃったようなことになっているのだと思います、

この間、新聞に、サービス付き高齢者向け住宅で事故が何件ありました、と出ていました。私は、例えば事態に気づかず住人を何日か放置して見つからないのはいけないと思いますが、ちょっとベッドから落ちました、ちょっとつまずいて転んだというのは、正直言って住宅ではあることだと思います。それが極端に多くなれば問題ですが、基本的にはバリアフリーになっているから、そんなに多いはずはない。もし普通より多いようでしたら、バリアフリーなどわれわれがやってきたことはなんだったんだみたいな話になってしまいます。誰かが皮肉にも、「本当に防ぎたいなら、できるだけベッドから動かないようにしたらいいですよね」と（会場笑）。それが究極の安全だというわけですよ。

それはちょっと違っていて、やっぱり、われわれは何を目指そうとしているのかより、管理するというか、自己決定の手段を手放していくという傾向が若干あって、気を付ける必要があります。

「この人にとって何がいいんだろうか」という基準

園田：そこが私たちの根本問題で、今日の「空間のもつ力」というテーマで、空間と人との関係を見ないと、今伊藤さんがおっしゃったこと、秋山さんがおっしゃった「ちょっと変」ということがすぐ起きちゃうんですね。建築基準法というのは徹底的に「モノ」しか信じないんです。「モノ」しか見ない。ですから、「これは何なにの用途です」と宣言したところから始まり、「モノ」しか見てないんです。

二十世紀の介護や医療の仕事というのは、私たちから見ていると、事件が始まってから仕事がある。なぜこういうことを言うかというと、建築って結構長生きなんです。先ほど、「いい建築は長生きです」と言いましたが、五年や十年で使えなくなる建築はダメです。私も伊藤さんも山口さんも、実は建築計画という分野を専門としていて先々を見越して大丈夫なものを造らないといけないので、そういう意味では先を見ています。ですけど今までの介護報酬や医療報酬って、病気になってから医療が始まる。介護の必要が起きてから介護が始まる。要介護度が低くなると介護報酬が減るので、経営的には大変ですよね。ということがあって、長らく医療・介護分野は、事が起きてから仕事が始まるという習性になっている。予防や予見にあまり重きを置かないできたのではないか。建築屋さんがモノしか見ていないのはダメダメだけど、一方でかなり長期的には失敗しないものをやりたい。だけどこれからの介護・医療のあるべき姿は、事が起きてからじゃなくて、事が起きないうちに、何がその人にとって本当に必要なのかなと。

それで最後に何を言いたいのかというと、なんとかそれをトータルに、やっぱり個別のプロジェクト一個ずつを見ていって、それがいいのか悪いのか判断する。市原さんが今リーダーとして、そのへんを本当に丁寧にやってくださっている。私もその後ろにくっ付いていって、昨日も認定ホームホスピスのレビューに行ったのですが、やっぱりそういう丁寧さが必要で、そういうふうに見ていかないとわからないということなんじゃないでしょうか。

市原：ケアをしているとき、必ずそこに人がいて、この人を中心に、この人にとって何がいいんだろうかというのを基準に見ています。家も、環境もそうだと思うんです。この人がここにいて居心地がいいのかしらと思う環境、空間。もう一つ、居心地のよさという点で思うんですけど、やっぱりここにいることをちゃんと認めてもらっている。私のことをみんなが大事にしてくれていると、本人が確認できる。そこがないと、ただ光が燦々と降り注ぎ、風通しがよくてとってもきれいなお部屋でも、「居心地がいいよね」ということにはならないので、そういう意味では「住まい」というのは「住居」じゃないですよね。園田先生が言われるんです。「住居と住まいは違うんです」って。

建物というのは「住居」だけど、「住まい」、「住まい方」は、その人がそこにいていい居場所になるのが住まいだと思います。そういう意味で、今秋山さんの話をうかがいながら、自己決定をするということを手放している、ということが今あるんでしょうか。

施設らしさ

山口：まさに住宅というのは、先ほど伊藤局長の話にありましたが、自分でコントロールするのが住宅です。自己決定できて自立支援できるのが住宅なんです。それが施設になると、管理者がいて利用者がいてという上下の関係になってしまいます。そこで自立や自己決定が阻害されていき、どんどん管理的な側面が強くなっていきます。つまり、職員と入居者が垂直な関係になっているのが施設です。

それを水平な関係にしていくためには、管理者は管理する人ではなく、住人の暮らしを支える伴走者である必要があると思います。ホームホスピスでも、職員と入居者が垂直な関係になってしまうと、ハードがいくらよくてもそこは施設になってしまう。ですから、水平の関係を皆さんがどうとらえていかれるか、ということが僕は大事だと思っています。

では、どういう観点で見てほしいかというと、単純に言えば「自分が入居者の立場に立って考えてね」ということなんです。

例えば、僕がいろいろ見させていただいたなかで、ベッドの横に襖があって押し入れがあるときに、ある施設は押し入れが閉まってるんですね。でも、ある施設では押し入れの扉を取っ払って、オムツなどがつまっている棚がむき出しになっている。介護がしやすいということを考えると、扉がないほうがいいわけですけど、ただ、皆さんの家で畳の部屋の襖を開けっ放しにして寝ている人っていますか。少ないと思います。このようにちょっとした管理的な振る舞いが施設らしさを生んでしまいます。そういう意味で水平な関係、自己決定、自立を、いかにハードのなかで実現していくかというのが、「住まい」につながっていくんじゃないかと思います。

市原：すごくよくわかります。それこそサ高住や特養の建築をなさっていた先生が、今回、ホームホスピスをずっと見てまわられて話をしてくださいましたが、私たちは住まいというか、そういう意味で普通の民家を使っていますが、やっぱり働いている人たちはついつい自分たちがやりやすいように設えてしまう傾向があるんですよね。そういうときにいつも自分たちの頭のなかに、五感を研ぎ澄ましていくことがとても大事なんですね。

伊藤：たぶんハードも、そういう管理をされていると変わってきていて、おそらく畳なんかにしないでもう少し掃除しやすい材質にしようとか、さっき「つるんとした空間」と申し上げたんですが、サ高住がとても残念なのは、見た瞬間、住宅じゃないんですよね。収納もないし。

住宅だから自分の自己決定で家族も来れるし、柔軟ねと思っていたのが全然違っていて、何というかメカメカしいと言ったらいいかわかりませんが、そうなっている。それはやはり施設の管理のほうが強く出てくると、空間も変わってきてしまうのではないかなと思います。そういう意味で言うと、五感を取り戻すという話ですが、自分が入居したいか。自分がここに一週間でも一カ月でも「居ていいや」と思えるかどうか。あるいは、居られるかどうかがとても大事で、それが先ほどの話で上下の関係だとその目線がなくなってしまうということが一番怖いことなのかもしれないなと、今の先生の話を聴いて思いました。

空間と時間

園田：今の「つるんとした空間」で、もう一つ言いたいのですが、今日は「空間のもつ力」ですが、もう一つ「時間」。私たちは別に耐震性のない古民家にこだわっているわけではないのですが、時間はお金では買えない。歴史はお金では買えません。

そうすると、サ高住が「つるんとした空間」というのは、そこには手塩にかけた過去の時間の蓄積だとか、そこに住んだ人の思いとか、いいことばかりではなかったかもしれないけれど、その荒波を越えてきた「鍛えられ感」みたいなものが施設にはないですよね。良くも悪くも、ゴールドプラン（高齢者保健福祉推進10カ年戦略の総称）が始まってもうすぐ三十年近くになるわけなので、ひょっとすると特養などにも淘汰が働いてくると思うんです。やっぱりダメなものを人は愛さないので、いくら高齢化が進んでも、みんな行きたくないところには行かなくなる。

そうするとホームホスピスで選ばれる家というのは、空間と時間、それとやっぱり「間《ま》」がすごく重要ではないでしょうか。

山口：時間もないので、お伝えしたいことだけ。光と空間、風とありましたが、かなり大事なことだと思っています。僕の研究室に一冊だけナイチンゲールの本があるんです。この『看護覚え書き』のなかに、新鮮な空気と光が大事だと書かれている。また、素晴らしい建築をつくる方のお話を聴くと、光と風を大事にされている。例えば、それがどこに表れているかというと、プランに表れてきます。先ほどからサ高住が悪者であるかのようにたくさん出ているんですけれど、サ高住では中廊下型のプランが多くあります。でも普通の集合住宅だと北側に面した住戸はつくらないし、中廊下にすると風通しが悪くなるので、住宅という観点からすると中廊下を設計者はためらうはずなんですね。でも、サ高住を施設だと思ったら、その瞬間にためらわずに中廊下にしてしまう。そういうところが設計者のよくないところだと思います。やはり施設であれ住宅であれ、風と光をしっかりと考えて設計する、そういう建物を設計できる人を選ばれるのも大事だなと思います。

もう一点、先ほど園田先生の言われた「時間」という話なんですが、これは、そこで使われている素材の経年劣化の仕方によっても異なってきます。古い民家というのは無垢の木などを使っていますので、どんどん色が変わり、味が出てきます。それに対していわゆる工業製品は味が出てこない。時間が経過しないんですね。どうしても無垢材は高いから、工業製品のほうがいいということになってしまうんですが、時間とともにうまく変化していく素材を使っていただきたいと思います。そのあたりの工夫が建物の良し悪しにつながっていくんじゃないかなと思います。

市原：ありがとうございました。そろそろ時間が迫ってきました。ホームホスピスの「空間のもつ力」は日々私たちが感じていることで、それはたぶん、皆さんのなかで、例えば訪問看護している方は在宅に行かれるし、玄関を開けたときにくる空気感みたいなものを感じてお仕事をなさっていると思うんですね。それが本当は大切なので、そこをブツンと切られて、「あなたは家は無理ですよ、施設に」と言われると、その空間というところで、管理をされた空間ではなかなかそうはいかないな、というようなことも今日は教えていただきました。

私たちが、これから空間をどう使って、そしてそれを生かして生活をつくっていくのかということを、改めてもう一歩考えるということ。

そして、もう一つはセーフティネット法ですね。ある意味ガチガチではなくて、少しユルユルの部分もある。全国でどこも、まだ登録された住宅はないんだそうです。ですから、この制度がいい方向に展開して生きていくように、ホームホスピスとしてもどういうふうに私たちが利用できるのかというところも、一緒に考えていきたいと思います。皆さんも、ご自身たちのなかでいろんな課題を抱えたり、つまずいているところがありましたら、それを協会にでも相談していただければ、今日、ご登壇いただいた方々などに相談をすることができますので。

これから空間をどうやってつくっていくか、利用していくか。私たちのもっている力を生かすも生かさないも「空間のもつ力」に依るところは大きいと思います。これもケアですから。そのなかで最後まで安心して暮らせる住まいをつくっていくことだと思います。

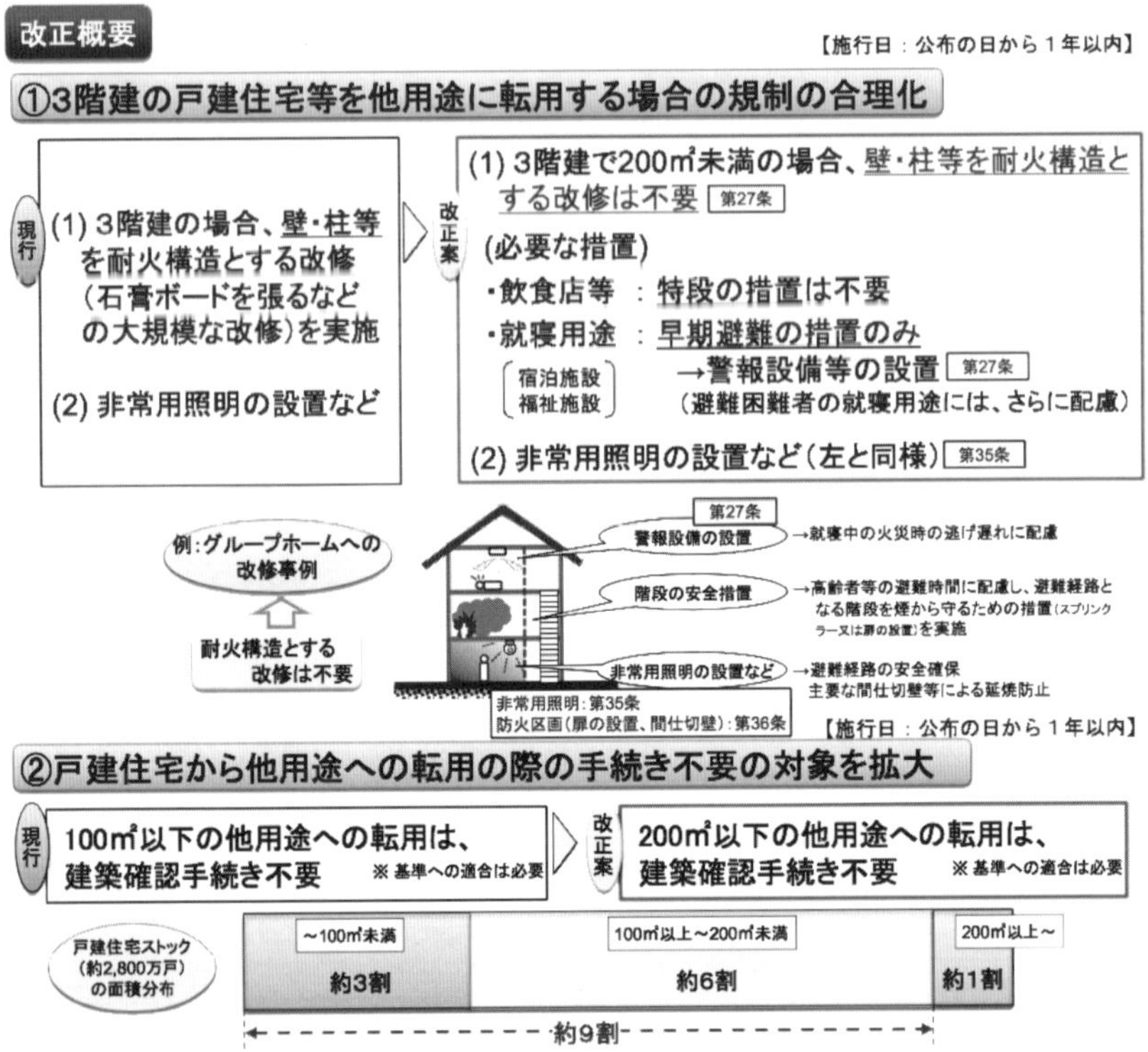

改正概要
【施行日：公布の日から１年以内】
①3階建の戸建住宅等を他用途に転用する場合の規制の合理化
現行
(1) 3階建の場合、壁・柱等を耐火構造とする改修（石膏ボードを張るなどの大規模な改修）を実施
(2) 非常用照明の設置など
改正案
(1) 3階建で200㎡未満の場合、壁・柱等を耐火構造とする改修は不要 第27条
(必要な措置)
・飲食店等 ：特段の措置は不要
・就寝用途 ：早期避難の措置のみ
宿泊施設
福祉施設
→警報設備等の設置 第27条
（避難困難者の就寝用途には、さらに配慮）
(2) 非常用照明の設置など（左と同様） 第35条
例：グループホームへの改修事例
耐火構造とする改修は不要
第27条
警報設備の設置
→就寝中の火災時の逃げ遅れに配慮
階段の安全措置
→高齢者等の避難時間に配慮し、避難経路となる階段を煙から守るための措置（スプリンクラー又は扉の設置）を実施
非常用照明の設置など
→避難経路の安全確保
主要な間仕切壁等による延焼防止
非常用照明：第35条
防火区画（扉の設置、間仕切壁）：第36条
【施行日：公布の日から１年以内】
②戸建住宅から他用途への転用の際の手続き不要の対象を拡大
現行
100㎡以下の他用途への転用は、建築確認手続き不要
※基準への適合は必要
改正案
200㎡以下の他用途への転用は、建築確認手続き不要
※基準への適合は必要
戸建住宅ストック（約2,800万戸）の面積分布
～100㎡未満
約3割
100㎡以上～200㎡未満
約6割
200㎡以上～
約1割
約9割

図 17　耐火建築物等としなければならない特殊建築物の対象の合理化（国土交通省）

執筆者紹介

稲葉　一人

1983年、東京地裁判事補、大阪地裁判事等、1992年、法務省訟務局検事等勤め、1996-1997年、米国連邦最高裁判所連邦司法センター客員研究員、2000-2005年、京都大学大学院医学研究科修士・博士課程後期を経て現在、中京大学法科大学院教授、熊本大学大学院客員教授、久留米大学医学部客員教授、三重大学医学部客員教授を務める。医療関係委員：厚生労働省医政局、健康局、老健局等の委員、その他、国、地方公共団体、大学、病院の倫理委員長、監査委員長等幅広く活動する。

医師、介護支援専門員。日本大学医学部、自治医科大学大学院卒。1978年日本大学付属板橋病院麻酔科にて研修医。麻酔科標榜医取得後、自治医科大学整形外科、入局。同大整形外科医局長、講師を経て、1994年在宅医療を始める。医療法人おやま城北クリニック理事長。在宅ケアを支える診療所全国ネットワーク全国世話人。在宅ケアネットワーク・栃木代表世話人を務め在宅医療の普及に努力している。医学博士、日本整形外科学会認定医、日本医師会認定健康スポーツ医。

太田　秀樹

山口　健太郎

京都大学大学院博士後期課程修了。㈱メトス、国立保健医療科学院協力研究員、近畿大学理工学部講師を経て現在、近畿大学建築学部教授。2010年日本建築学会奨励賞受賞。博士(工学)。一級建築士。

1973年、聖路加看護大卒業後。2001年、有限会社ケアーズを設立、新宿区を中心に訪問看護・居宅介護支援・訪問介護事業を展開する。2011年、新宿区戸山ハイツで「暮らしの保健室」を開設。2016年、東京都江東区豊洲に「マギーズ東京」を開設、センター長を務める。東京女子医科大学非常勤講師。著書に『在宅ケアの不思議な力』『つながる・ささえる・つくりだす 在宅現場の地域包括ケア』（すべて医学書院）他。2019年、ナイチンゲール記章を受賞。

秋山　正子

伊藤　明子

1984年、建設省入省。1991年、宝塚市役所出向。1994年、建設省 都市局まちづくり事業推進室。2001年、内閣官房都市再生本部事務局。2010年、国土交通省 住宅局住宅総合整備課課長、2014年、国土交通省住宅局住宅生産課課長、2017年、国土交通省の住宅局長に女性で初めて就任。2018年、内閣官房内閣審議官。まち・ひと・しごと創生本部事務局地方創生総括官補・内閣府本府地方創生推進室次長。2019年より消費者庁長官。

明治大学理工学部建築学科教授。小松市生まれ。1979年、千葉大学工学部建築学科卒業。1981年、千葉大学大学院工学研究科修士。課程修了。1993年千葉大学大学院自然科学研究科博士課程修了。市浦都市開発建築コンサルタンツ、日本建築センター勤務後、1997年より明治大学工学部建築学科専任講師、同大学助教授を経て、2009年より現職。

園田　眞理子

【介護と環境】

空間のもつ力

自分を取り戻す場所

2019年12月1日　第1刷発行

稲葉　一人　　太田　秀樹
秋山　正子　　山口健太郎
園田眞理子　　伊藤　明子
市原　美穂
全国ホームホスピス協会　編

発行所　図書出版木星舎
〒814-0002　福岡市早良区西新7丁目1-58-207
tel　092-833-7140　fax　092-833-7141
http://www.mokuseisya.com

印刷　有限会社青雲印刷

ISBN978-4-909317-11-7